文豪ストレイドッグス

［デッドアップル］

DEAD APPLE

公式ガイドブック

煙霧録

INTRODUCTION

まよい、あがき、さけぶ
だって僕は生きたかった

それは6年前から始まっていた。

あらゆる組織を巻き込み血嵐吹き荒れた88日間の「龍頭抗争《りゅうず》」は、

ヨコハマ裏社会史上最多ともいわれる死体の山を積み上げた。

ポートマフィアの太宰治は、中原中也と共に死線を潜り、

敵組織の中枢で、澁澤龍彦に遭遇していた。

そして現在、亡き〝友〟の言葉を懐《いだ》き、太宰は武装探偵社にいる。

新たに中島敦、泉鏡花を社員に迎え入れ、探偵社は賑やかになった。

しかしその頃、「異能力者連続自殺事件」に関係する人物が、

ヨコハマに潜入したという情報が入ってきた。

探偵社が異能特務課から依頼されたのは、その人物の確保。

対象の名は——澁澤龍彦。

「コレクター」と呼ばれる、謎に包まれた異能力者だった。

その陰で、様々な事件で暗躍する魔人・フョードルの姿も見え隠れする。

更には、太宰との連絡が途絶え、消息が判らなくなってしまう。

ヨコハマの街が、恐ろしい悪夢の霧に包まれようとしていた……。

CONTENTS

ッグス STORY

1st SEASON

孤児院を追い出され、ヨコハマを彷徨《さまよ》っていた中島敦は、鶴見川を流れる奇妙な男に遭遇する。彼の名は太宰治。異能力集団「武装探偵社」の社員だった。

太宰は巷を騒がす「人喰い虎」の捜索中で、敦を強引に同行させる。実は、虎の正体は敦が異能力で変化した姿だった。獰猛な白虎となった敦は太宰に襲いかかったのだが、太宰の異能力「人間失格」によって虎化を解除された。戸惑う敦は探偵社への入社を勧められ、過酷な入社試験に合格し、探偵社の一員となった。国木田独歩や江戸川乱歩など、個性的な探偵社の面々に囲まれ、敦は新生活を始めるが……。

突如、白虎である敦に70億の賞金が懸けられ、ポートマフィアの芥川龍之介が彼を執拗に狙う。ポートマフィアとの攻防戦が続く中、敦は泉鏡花と出会う。鏡花は殺戮特化の異能力を持ち、心ならずも暗殺者として利用されていた。死闘の末、敦は芥川を倒して鏡花を救い出したのだった。

ポートマフィアとの抗争が一段落した探偵社に、新たな敵が現れる。北米異能力者集団「組合《ギルド》」の団長・フランシス・F。彼こそ敦に賞金を懸けた黒幕だった。組合《ギルド》の刺客が敦たちに襲いかかる。

文豪ストレイド

黒の時代

かつて太宰治がポートマフィアの幹部だった時代、心を許した友がいた。最下級構成員・織田作之助と秘密情報員・坂口安吾。彼らは立場を超えた友情で結ばれていた。

安吾が消息を絶ち、時を同じくして、犯罪組織「ミミック」がポートマフィアを襲撃する。織田作は首領《ボス》・森鴎外の命を受け、安吾捜索に乗り出す。太宰は安吾の裏切りを疑い、ミミックを追う。織田作と太宰を待ち受けるのは、さらなる悲劇と哀哭《あいこく》の別離だった……。

2nd SEASON

武装探偵社とポートマフィアが対峙するヨコハマにフランシス・Fの率いる組合《ギルド》が上陸。三つ巴の異能力戦が勃発する。ポートマフィアの森鴎外は精神操作の異能力者「Q」を解き放つが、Qは組合《ギルド》に捕縛されヨコハマ焼却の危機に陥る。

なんとか街を救ったが、フランシスに対抗するには力が足りない。そこで敦が提案したのは武装探偵社とポートマフィアの同盟だった。それは太宰と中原中也の共闘という形で実現する。「白鯨《モビー・ディック》」へ乗り込んだ敦は、居合わせた芥川と共に強敵フランシスに挑む。

中島 敦
人虎の少年

太宰 治
自殺愛好家

国木田独歩
理想の求道者

江戸川乱歩
天才名探偵

与謝野晶子
解体好きの女医

武装探偵社

宮沢賢治
牧歌的怪力少年

谷崎潤一郎
隠密に長けた手代

谷崎ナオミ
兄を愛する妹

泉 鏡花
元暗殺者の少女

福沢諭吉
社　長

福沢諭吉を社長とし、ヨコハマで起こる危険な依頼を請け負う民間の武装調査組織である。社員の多くは異能力者であるが、強ければ良いというわけではなく「入社試験」に合格しなければならない。

実務の多くをまとめるのは国木田で、彼が実質的な探偵社の副リーダーとなっている。乱歩は特別な位置におり、探偵社自体が彼の類稀なる超推理を活かすために異能開業許可証を取得し、設立された。

芥川龍之介
太宰の元部下

中原中也
太宰の元相棒

尾崎紅葉
鏡花の姉貴分

樋口一葉
芥川の忠実な部下

夢野久作
精神操作の悪夢

ポートマフィア

梶井基次郎
檸檬の爆弾魔

エリス
金髪碧眼の少女

森 鴎外
首　領

ヨコハマを牛耳る凶悪な闇組織。傘下にある企業は多く、ヨコハマの至る所に影響を与えている。密輸、人身売買、暗殺など様々な悪事に手を染めており、裏社会の者は決して逆らうことを許されていない。

森鴎外を首領《ボス》として、幹部、構成員、専属情報員などが置かれている。幹部それぞれの派閥や、首領直轄の遊撃隊など、いくつかのグループに分かれている。異国の異能力組織との取引も行われているようだ。

組合《ギルド》

フランシス・F
団長

フランシスが長として君臨する北米の異能力集団。団員が財政会や軍の要職にあるという特権を得ており、政治的な圧力もお手の物であった。フランシスの求める『本』のために敦を襲ったが、敗北したために組合《ギルド》は瓦解。分裂することになってしまう。

死の家の鼠

フョードル・D
頭目

謎に包まれた地下組織の盗賊団。頭目であるフョードルは以前からヨコハマに潜入しており、自らの求める『本』の在り処を探っていた。幻霧のように所在を隠し、地下を這うようにして作戦を進めていく。フョードルは一体何を目指しているのか……。

時計塔の従騎士

アガサ・C
近衛騎士長

欧州を拠点とする古い異能力組織。アガサを近衛騎士長とする以外はほとんど謎に包まれている。かつてジイドのいた「ミミック」を欧州から追い出したのも、この組織だったと言われている。危険な異能力に対しては爆撃機を派遣するなど、苛烈な面も持つ。

内務省 異能特務課

国内の異能力者を統括する、政府の隠された秘密組織。異能力者を管轄化に置き、異能力犯罪を監視している。少数精鋭の組織であるため、エージェントはここで重要な任務にあたり、実質的な事件解決は他組織に委ねることもある。また、要注意人物である危険異能力者にはエージェントなどの特別な監視がついている。

種田山頭火
長官

坂口安吾
参事官補佐

辻村深月
新人エージェント

青木卓一
安吾の部下

村社
安吾の部下

監視対象

澁澤龍彦
コレクター

コレクターと呼ばれる澁澤龍彦もまた、異能特務課の監視対象である。彼の持つ霧の異能力は、危険なものであると同時に、異能力組織間の抗争を制圧することにも長けた力であることも間違いない。政府はある意味、彼を保護していたことになる。

BUNGO STRAY DOGS
DEAD APPLE
STORY GUIDE

ストーリーガイド

今日も小雪の降りかかる
汚れつちまつた悲しみに
今日も風さへ吹きすぎる

汚れつちまつた
悲しみは
たとへば
狐の革裘
汚れつちまつた
悲しみは
小雪のかかつて
ちぢこまる

ある日の
暮方の事である。
一人の下人が、
羅生門の下で
雨やみを待っていた。

汚れつちまつた悲しみに
いたいたしくも怖気づき
汚れつちまつた悲しみに
なすところもなく日は暮れる……

ご馳走は
人参と
干瓢ばかりじ

されど詩人ハツクレンデルが
当世の奴隷といひし如く、
はかなきは舞姫の身の上なり。

己の毛皮の

恥の多い生涯を
送って来ました。

ハーイ中也、敵の射程に入ったから弾《タ》丸《マ》受けて死んでね

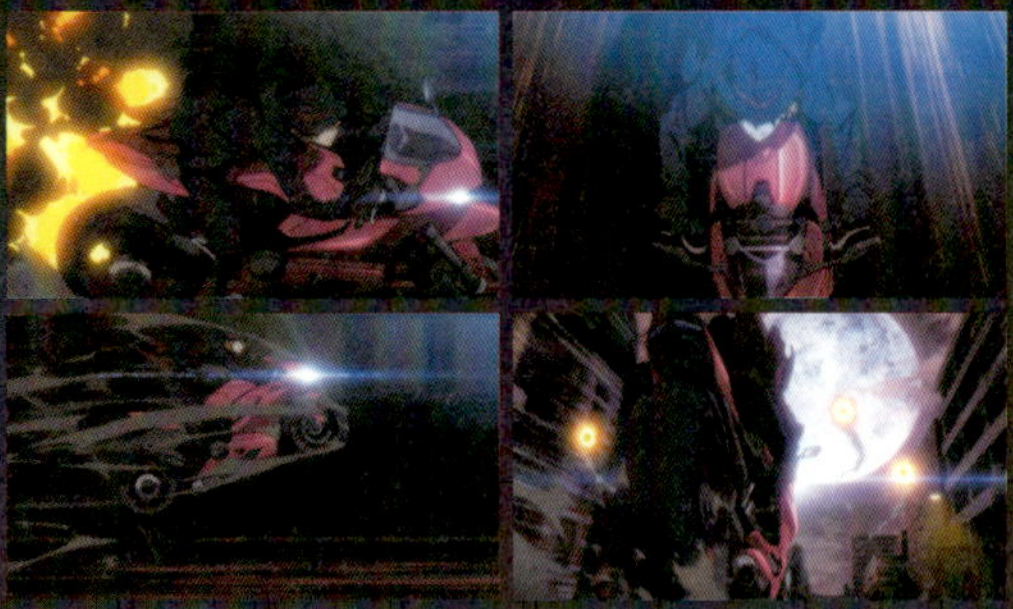

「ひっこんでろサンピン！」疾走するバイクで現れた黒い影。異能力「汚れつちまつた悲しみに」で重力を自在に操る中原中也だ。中也の操るバイクは敵の攻撃を避け、重力でビルの壁面を爆走する。中也がめざす先に屹立するのは、澁澤配下の仮面を着けた異能力者。敵の放つ電撃は、中也めがけて伸びていく。だが中也は、バイクでビルの壁面を走り、異能力者のいるビルの屋上へ降り立つ。そこにいた者どもは——

AVANT-TITLE

龍頭抗争

今から6年前、ヨコハマ裏社会で88日間にわたって続き、
おびただしい犠牲を出した「龍頭抗争」。
その終結前夜、ポートマフィアの織田作之助は親を亡くした幼児を救う。
一方、抗争の黒幕たる澁澤龍彦の根拠地に突入した
中原中也と太宰治はビルを破壊して抗争に終止符を打った。
そして爆発を遠くから見つめる、
地下組織・死の家の鼠の頭目、フョードルの姿があった……。

うんざりだな。右を向いても左を向いても死体の山だ……

ヨコハマの郊外。死の街と化したビル街で、ポートマフィアと澁澤龍彦一派の銃撃戦が飽くことなく続いている。混乱の最中、ポートマフィア構成員の織田作之助は、両親を亡くして泣く幼児・咲楽を助ける。2年後に訪れる、過酷な結末を2人は知るよしもない。そこに太宰からの通信が入った

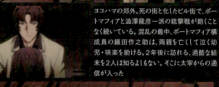

ようこそ、退屈なお客人
どうせ君達も、
私の欲するものを
与えられはしない……

ビル内、ドラコニアにいたのは澁澤龍彦。彼は通称「コレクター」と呼ばれる異能力者である。「手に入る……手に入らない」澁澤は時に5000万円もの宝石を、惜しげもなく炎の中に投じては今後の行く末を占っていた。「俺の仲間を返せ」中也に詰め寄られた澁澤の周囲には、数人の遺体が転がっている

捕獲された太宰。そこにいる仮面の男たちもまた、澁澤の配下である。「雷に打たれて死んでたら面白かったのに」「ぶっ殺すぞ」物騒なやりとりを済ませると、太宰は自ら手錠を外し、中也は重力を操った。たちまち蹂躙される澁澤の配下たち。電撃の異能力者も中也に敗れた。ひと仕事終えた2人は、ビルの中へと入ってゆく

「君の友人はみな自殺したよ。退屈な人間は死んでも退屈だ」しれっと言い放つ澁澤に、怒りを燃やす中也。毒々しい紋様に包まれる身体に、太宰は「陰鬱なる汚濁か……」とあきらめ顔。理性を飛ばし、本能を解放した中也が咆哮するや大爆発が起きる。そんな惨劇を、遠くから眺めている1人の男。「死の家の鼠」頭目にして異能力者のフョードル・Dだ。黒幕たる彼にとって、事件はまだ始まったにすぎない

楽しすぎるね

龍頭抗争に関する報告書

「龍頭抗争」とは今から6年前、ある異能力者が死んだことで所有者が不在となった5000億円もの裏金をめぐり、関東一円の黒社会が激突した一大抗争である。中でもポートマフィアが拠点とするヨコハマは際立って熾烈な争いが連日にわたって続いており、「流血の混じらない下水はなかった」と伝えられている。軍警もこの抗争を御しがたく、事態の収拾のため異能特務課は諸刃の剣を抜いた。それが、「国家規模の異能侵略」に対抗しうるケタ外れの異能力を持つ澁澤龍彦の投入であった。いわば毒をもって毒を制する措置を、当時は潜入捜査官としてポートマフィアに在籍していた坂口安吾は反対したが、聞き入れられることはなかった。澁澤の投入は結果として奏功し、おびただしい数の澁澤の部下とポートマフィア構成員らが犠牲となりつつも88日間にわたる抗争は終わった。

織田作と孤児

抗争の最中、織田作は咲楽という幼児を助ける。他にも、この抗争で行き場をなくした孤児達を、織田作は養うことになる。この抗争から2年後、織田と孤児達に訪れる過酷な運命を誰が想像できるだろうか……。また、後に飲み仲間となる太宰、織田作、安吾はこの抗争の最中に知り合う。立場を超えた友情も、今は昔。

織田作之助

ODA SAKUNOSUKE

CV 諏訪部順一

Profile

年齢■21歳　身長■185cm　体重■77kg

最近楽しかったこと■ポートマフィアの会計係と飲みに行った

最近気がかりなこと■龍頭抗争による孤児増加

座右の銘■咖喱《カレー》は一日一食まで

NAKAHARA CHUYA

中原中也

CV 谷山紀章

Profile

年齢■16歳　身長■160cm　体重■58kg
最近楽しかったこと■新しいバイクを買った
最近気がかりなこと■太宰との任務が増加傾向
自分のバイクの気に入っているポイント■音

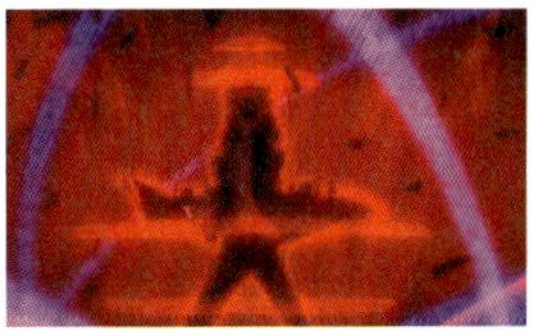

太宰同様に少年だが、重力の使い手としてすでに闇の世界では畏怖される存在となっている。異能力だけでなく卓越した体術やバイクテクニックなど、身体能力にも秀でている。太宰の事が気に入らないが、2人が組む任務はことごとく成功を収める。太宰だけが制御できる「汚濁」によって澁澤龍彦のアジトを一夜で殲滅してから、いつしか「双黒」と呼ばれるようになった

DAZAI OSAMU

太宰治

CV 宮野真守

Profile

年齢■16歳　身長■174cm　体重■54kg
最近楽しかったこと■
ポートマフィアの会計係に面白い新人を見つけた
最近気がかりなこと■中也との任務が増加傾向
当時、織田作に対して感じていたこと■面白い奴

まだ少年ながら、最年少の幹部候補生としてポートマフィア内部でも一目置かれる存在。やはり少年構成員である中原中也とは会えば憎まれ口を叩き合う仲だが、いざ任務となると呼吸の合ったコンビネーションをみせる。「人間失格」という、全ての異能力を無効化する異能を持つ。最近、下級構成員の織田作之助と共に、新人の会計係・坂口安吾と会う機会が増えている

仮面の男たち

抗争に投入された澁澤の部下である者達。不気味な仮面を被り、銃器を持つ者と異能力を使う者がいる。だが中也の重力を操る能力によって一網打尽にされた。

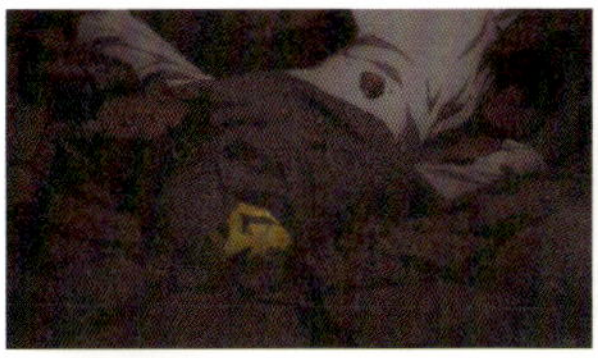

Time Series

6年前 6 Years Ago

- 龍頭抗争勃発
- 死体の処理をしていた太宰と織田作、安吾に出会う
- 織田作、抗争での孤児を引き取る
- 安吾、欧州へ2ヶ月渡航し、連絡が断絶する
- 太宰、ポートマフィア五大幹部の1人になる

4年前 4 Years Ago

- 安吾、失踪する
- 織田作、鴎外から捜索の依頼を請ける
- 安吾、三重スパイの任務を終え、異能特務課へ戻る
- 犯罪組織ミミックの襲撃により織田作が養う孤児達が殺害される
- 織田作、ミミックのリーダー・ジイドと相打ちになり死亡
- 太宰、ポートマフィアを抜け、種田山頭火に接触武装探偵社へ入社

A-PART

異能力者連続自殺事件

龍頭抗争から6年後。
武装探偵社の一員となった太宰が織田作の墓を訪れている最中、
世界中で不可思議な霧が出現するや異能力者が死亡する
「異能力者連続自殺事件」が多発する。
探偵社に捜査を依頼してきた異能特務課によれば、
事件に関与する人物が、ヨコハマに潜入しているという。
その人物の名前は——澁澤龍彦。

でも太宰さんにとって大事な人なんですよね

親友の墓に身を委ねて、穏やかな時を過ごす太宰。墓碑に刻まれた、「S.ODA」の文字。事情を知らない敦も、ごく自然に合掌していた。「太宰さんがお墓参りなんて、初めて見ますから」敦は言葉を重ねる。一瞬、虚を突かれた表情を見せた太宰は、しばしの追憶にふける。今は遠くなった、あの黒の時代へと

あれから6年の月日が流れた。ポートマフィア幹部だった太宰治は、今や武装探偵社の一員に身を転じていた。そんなある日、太宰は海の見える墓地に眠る旧友を訪ねていた。友の名は、織田作之助。龍頭抗争から2年後、今度は欧州からやって来た武装集団「ミミック」との抗争に巻き込まれて命を落としたのだ

Check!

ポートマフィアから身を引いた機縁は親友が遺した言葉

ミミックと銃火を交えた織田作。太宰が現場に駆けつけると、すでに彼の命は尽きようとしていた。「人を救う側になれ。正義も悪もお前には大差ないだろうが、その方が幾分か素敵だ」親友の言葉は太宰にとって、ポートマフィアを抜けるに充分だった。

太宰は懐かしそうに、この墓はポートマフィアを辞めて武装探偵社に入るきっかけとなった男のものと語ったが、すぐに「嘘だよ」と否定する。国木田からの招集に太宰は「パース」と応じ、新しい自殺法を試すべく墓地をあとにするのであった。……「また国木田さんにどやされる」敦の苦労は絶えないのだ

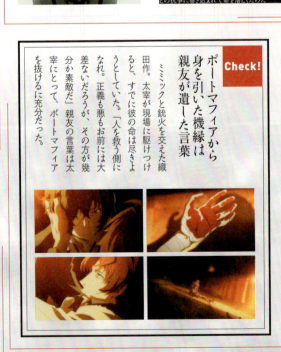

江戸川乱歩は、映像を見た瞬間に犠牲者はみな異能力者であったことを見抜く。つまり、各国の異能力者が自分の異能力で死んだということになる。国木田によれば確認された同様の事件は128件。500人以上の異能力者が死んでいる可能性が高いと思われ、現場に発生した霧もなんらかの関係が疑われていた

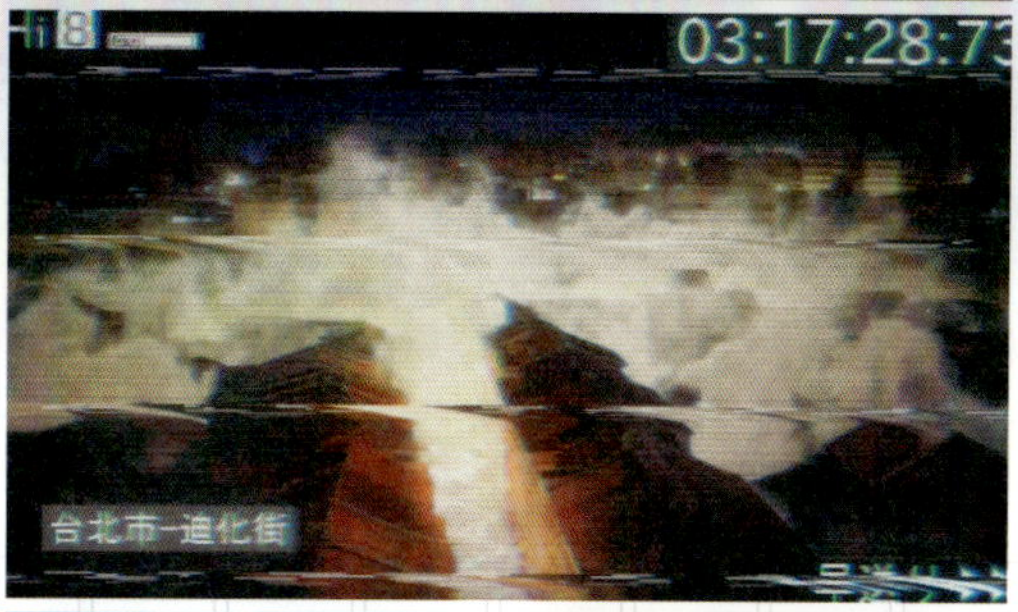

武装探偵社の会議室では、社員たちが凄惨な死体をけわしい表情で見つめていた。3年前、台湾の台北で発見された焼死体。1年前のシンガポール、トランプのカードでマーライオンに縫いつけられた男。半年前のデトロイト、巨大なつららに胸を刺された女性。いずれも濃い霧が短時間のうちに発生し、消失後に発見された死体ばかりだ

異能特務課は この一連の事件を 「異能力者連続自殺事件」 と呼んでいる

国木田は会議に太宰がいないことに気づく。「あの唐変木が!」怒りの矛先は、やはり敦に向けられるのであった。「そうか……」乱歩は常人ならざる能力・超推理で何かが判ったのか、金庫に駄菓子やラムネを詰め始める。賢治の問いにも「ヒーミーツッ」と素っ気ない。一同が知るのはのちのことだが、探偵社が誇る叡智はすでに事件の全貌を悟っていたのである。続いて国木田は異能特務課から、一連の殺人事件に関係している男がヨコハマに潜入しており、捜査と確保を依頼された旨を告げる

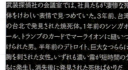

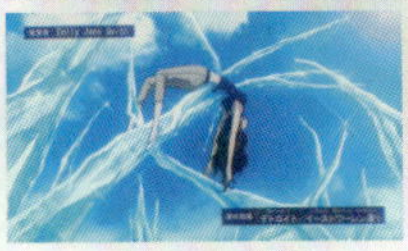

Check!

自らの異能力で死亡する不可解な自殺の連鎖

台北の焼死体は炎使い、シンガポールの死体はカードを操る暗殺者、デトロイトの犠牲者は氷使いとして知られる、いずれも異能力者達であった。これらは当初、自殺と思われていたが、驚愕の真相が秘められていた。

これがその男です 澁澤龍彦

事件に関係している男の名は、澁澤龍彦。判っていることは異能力者であり、「コレクター」という通称のみ。福沢は社員の安全を守るため、さらには大きな災いを防ぐため探偵社の総力をあげて澁澤の捜査に挑む事を決めた。しかし敦の脳裏には、なぜかどこかの扉の前に立つ自分自身の姿が浮かんでいた

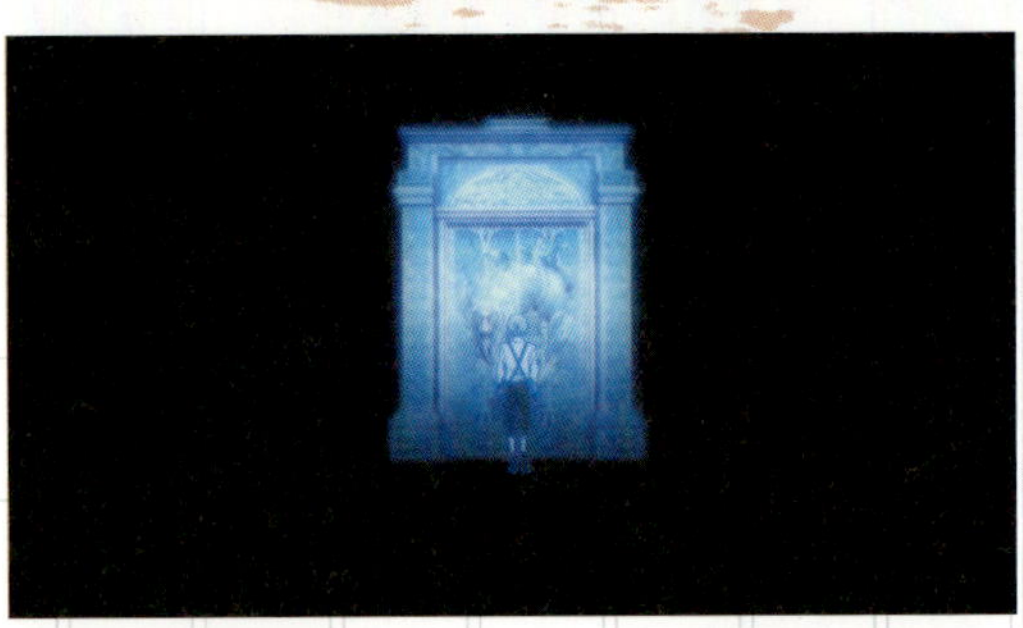

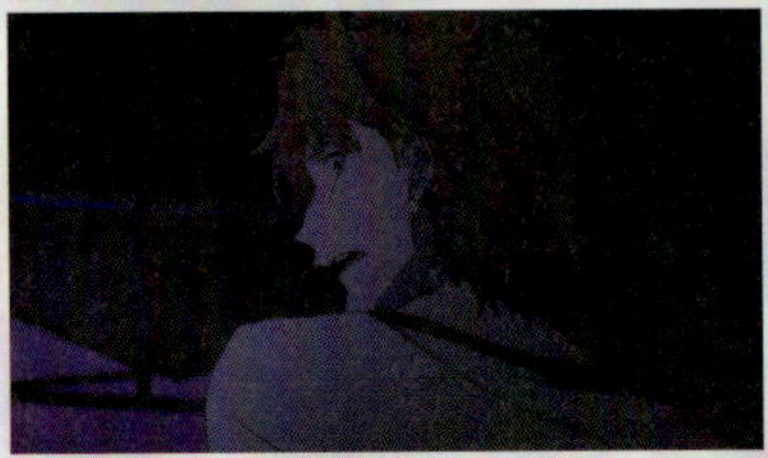

秘密の会談にはうってつけの、港の倉庫街を歩く国木田と谷崎。彼らは特務課のエージェントから新たな情報を得るべく、待ち合わせ場所へと向かっている。しかし、落ち合うべき相手は遺体となって転がっていた。エージェントの骸を認めるや、拳銃を手に周囲を警戒する国木田と谷崎。遺体の傍らには、ナイフの刺さった林檎が転がっていた。エージェントはなぜ死んでいたのか？　自殺か、殺人か？　現場に林檎が残されたのはなぜか？　夜のヨコハマ倉庫街に、疑惑が渦巻く

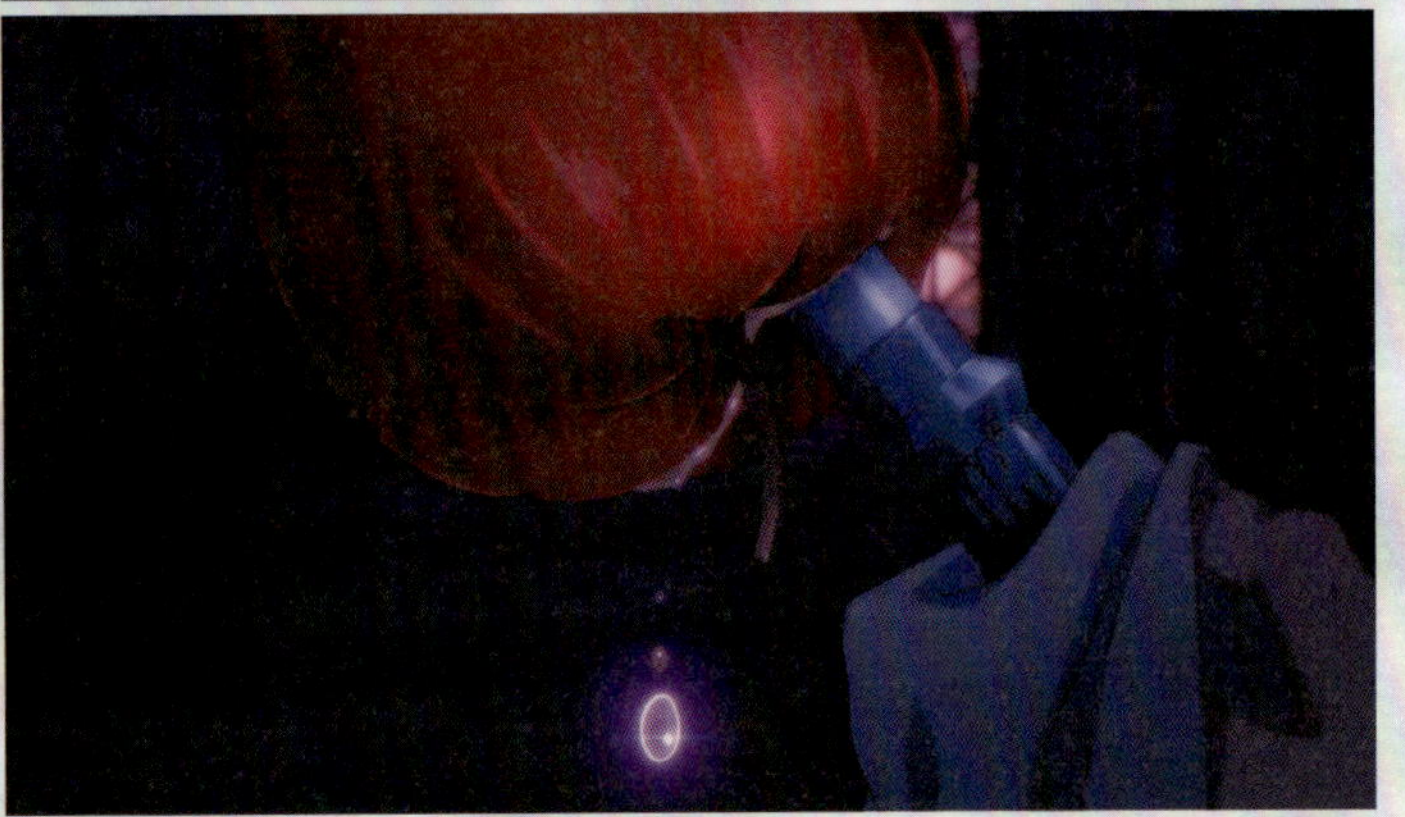

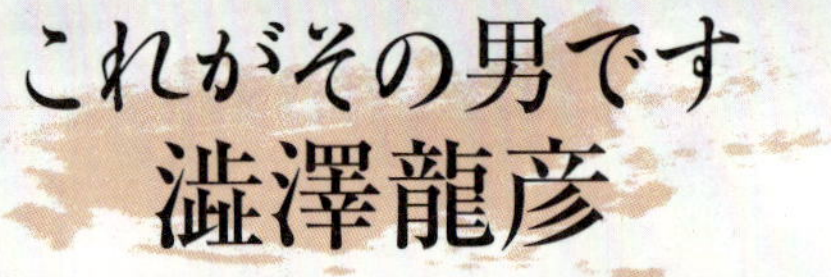

太宰治と織田作之助 救済の連鎖

亡き友の面影は消えることなく

バー「ルパン」で独り酒を飲む太宰。そこはかつて、ポートマフィア時代に友情を育んだ織田作之助、坂口安吾と毎晩のように集まった店であった。

ポートマフィアで最年少の幹部候補生である太宰と、最下級の構成員である織田作はもともと肩書きを超えた仲であったが、龍頭抗争の最中に知り合った会計係である安吾も加わり、夜な夜な飲み合う間柄となったのだ。

「今日は何に乾杯する？」

アリッサムを挿した、ウイスキーのグラス。それを手にすることはない亡き親友に語りかけながら太宰は、グラスを手に回想の淵に沈んでいく。

「安吾が来るまで待たないのか？」

「じゃあ世間話でもしよう」

太宰が語ることには、最近会った面白異能力者は、「人に林檎自殺をさせる」という。そのうちヨコハマでも流行るのでは、素敵じゃないか、と顔をほころばせる太宰。

「遅いな、安吾」

太宰の回想はここで終わった。

「安吾は来ないよ」

店を出た太宰を取り囲んだのは、安吾と異能特務課のエージェント達であった。

「澁澤龍彦をこのヨコハマに呼び込んだのは、貴方ですね？」

林檎自殺って知ってるかい？
太宰治

バー「ルパン」で追想する戻らぬ日々

国木田達が港にいる一方、太宰はバー「ルパン」で時を過ごしていた。隣の席には、口にする者がいないウイスキーのグラスが置かれている。ありし日の友と太宰は、「林檎自殺」を話題にしていた。

アリッサムの花言葉には「美しさを超えた価値」「素直」「いつも愉快」などの意味がある。織田作の誕生花をグラスに置いた太宰の心中はどんなものだったのだろうか

林檎自殺？ ああ、シンデレラか

林檎自殺を童話『シンデレラ』だと答えた織田作に、さすがの太宰も虚を衝かれる。友人の思考に感嘆しつつも「毒林檎を食べたのは白雪姫だし、彼女は自殺じゃあない」と返す太宰だが、母に毒を差し出された絶望で毒林檎を口にしたのかも、と思い直す。織田作もまた、太宰の柔軟な思考を楽しんでいる。さらに太宰によると最近、林檎自殺をさせる異能力者に出会ったという。「そのうちヨコハマでも流行るかもね」と太宰は意味深に云っている。

お前は面白いな。思考がクルクル回る
織田作之助

from the PAST...

林檎自殺に太宰は何を思う

あれから月日は経ち、太宰は武装探偵社の社員となっていた。ヨコハマで発生した異能力者連続自殺事件と林檎に、太宰は改めて亡き友の言葉を噛みしめる。口にしたカプセルは果たして？ 「それじゃあ行くよ、織田作」太宰は彼なりの手段で、人を救うべく行動を起こそうとしていた。友が言い残したように、その方が幾分素敵だから。たとえそれが仲間を裏切り、敵側についたと思われようとも……。

織田作、
君の云う事は正しい
……人を救う方が確かに素敵だよ
太宰治

このヨコハマで
異能力者の
大量自殺を
生むつもりですか？
坂口安吾

元は仲の良い飲み仲間だった安吾だが、太宰にとっては織田作の死ぬ原因を作った1人となる。その恨みは今でも残っており、許すことはできていない。安吾も太宰の静かな怒りを感じ取っているようだ

動き出した異能特務課

店を出た太宰を、異能特務課の坂口安吾が待っていた。今は遠い存在となった「いつもの店」を前に太宰と対峙した安吾は、「澁澤龍彦をこのヨコハマに呼び込んだのは貴方ですね」と詰問する。しかし銃口に囲まれても、太宰は余裕の笑みを浮かべている。やがて、濃い霧が立ちこめ——

異能特務課の安吾、武装探偵社の太宰。かつて立場を超えて飲み明かした2人は、別の道を歩んでいた。

4年前、安吾が失踪し、織田作は首領《ボス》・森鷗外から調査を命じられた。織田作が辿り着いた真相は、安吾は元々内務省異能特務課に所属する傍らでポートマフィアに潜入していた特務官であり、かつ海外の犯罪組織・ミミックとも通じている三重スパイという衝撃的なものであった。安吾の裏切りと、ポートマフィアの冷酷な策略により、織田作の世話していた孤児達は死に、彼自身もジイドとの相打ちによって命を落とした。一連の事件は異能開業許可証を欲する鷗外の策略だった。ポートマフィアを抜けた太宰は2年間、裏社会から姿を消す事になる。

以来、織田作が死の間際に遺した「人を救う側になれ」という言葉に従い、太宰はヨコハマを守っている。

澁澤龍彦をヨコハマへ呼び込んだ事も、きっと織田作から太宰に託された〝救済〟の手段だったのだ。

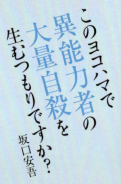

A-PART

霧の中へ

悪夢にうなされた敦が目覚めると、部屋の外は霧に包まれていた。
鏡花と探偵社に向かうため夜霧に包まれた街に出た敦。
街には誰1人見当たらないが、凄惨な血痕が見つかった。
謎の虎に襲われた2人は、負傷した国木田と合流を果たす。
「自分の異能にやられた」という彼と共に虎から逃げていると、
次は夜叉白雪が襲いかかる。
異様な状況の中、3人は探偵社へと向かう。

「出て行け穀潰し！　お前などこの孤児院にもいらぬ」幾度も見た悪夢に、久々に苛まれる敦。さらに扉の周囲から湧き立った霧が奔流のように敦に迫り、彼の身体を包み込んでしまう。これは、何かの予兆なのか？　寝汗にまみれて押し入れで目覚めた敦を「ひどくうなされてた」と、同居している鏡花が案じる

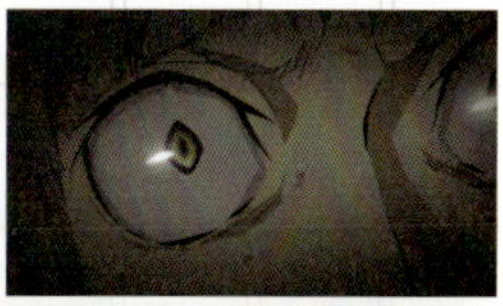

その夢に霧は出てきた？

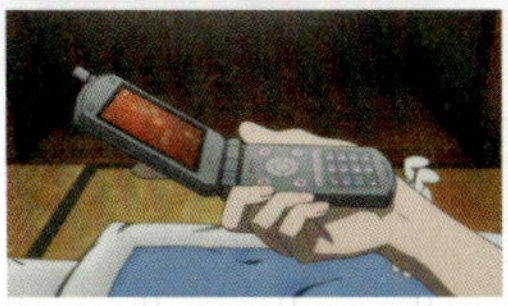

押し入れを飛び出した敦が窓を開けると、外は霧に覆われている。さらに敦も鏡花も、携帯電話が繋がらない。異変が起きていることは間違いない。濃霧を見た敦は異能力者が自殺する事件を疑うが、鏡花は探偵社に行くことを提案。毅然とした鏡花に対し、敦は「そのうち霧も晴れるかもしれないし」と及び腰だ

これ、異能力者が
自殺しちゃうって云う
あの霧なのかな

無惨に横転して、血に染まった何台もの車、車。鏡花は異能力による自殺を疑うが、どの車にも遺体がない。血は引きずられたようにビルの中へ消えている。その時、夜霧の中で2つの眼が光った。闇から飛び出した黒き獣が、2人に向かって突進してきた。通常の動物ではない異形のものが、明らかに自分たちを狙っている——敦らは臨戦態勢を取った

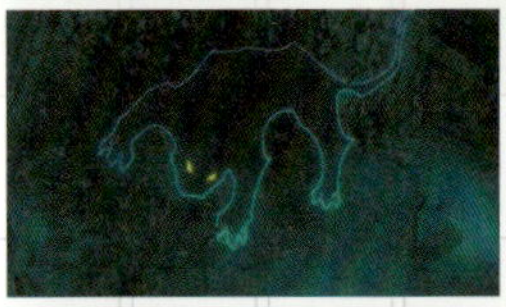

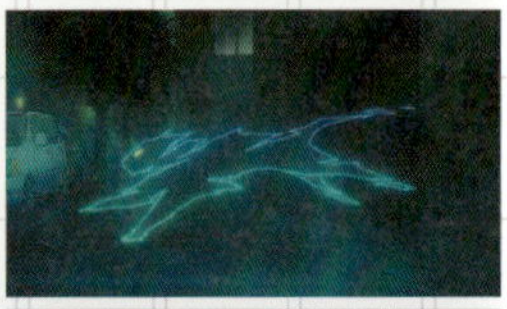

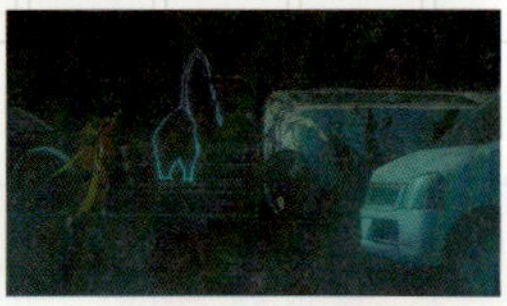

Check!

霧に覆われた街夜のヨコハマを幻想的に映し出す

夜の街を覆う霧は、仄《ほの》明るい光を出し、画面全体を幻想的な雰囲気で包んでいる。暗くなりがちな夜の風景が、霧によって照らし出され、さらにはヨコハマという街が異界になってしまったかのように思わせる。昨日までのヨコハマとは全く違う世界だ。

静寂が街を支配していた……まるでこの街から全ての人々が消えてしまったかのようだ……

夜霧の中進んでいく、敦と鏡花。ヨコハマ市内は濃霧の中にあった。ベイブリッジ、博物館、税関……全ては霧の中だ。しかも周囲には、敦と鏡花以外は誰もいない。突如、先を歩く鏡花の彼方から激しい音が轟く。車がぶつかったのだ。しかし車内はもちろん、交番やファーストフード店内、どこにも人が見当たらない。つい先ほどまで人のいた痕跡があるのだが……

奇怪な事態に周囲を警戒する敦は、霧の中に孤児院の院長の姿を認めた。霧が見せた幻覚なのだろうか。一方、鏡花は強い殺気を感じるという。鏡花が走り出すと、すでに院長は消えていた。いったい、ヨコハマで何が起きているのか。慌てて鏡花のあとを追う敦。その先にあったものは……

「行くよ、鏡花ちゃん！」応戦を試みる敦。「異能力、月下獣！」「異能力、夜叉白雪！」しかし、2人の異能が発動しない。異能力が使えないことと、この霧は関係しているのか？　そこへ獣が突進してくる。動けずにいる敦の手を鏡花は咄嗟に掴んで逃走を開始する。異能力がなくとも、鏡花の暗殺者としての体術は頼りになる

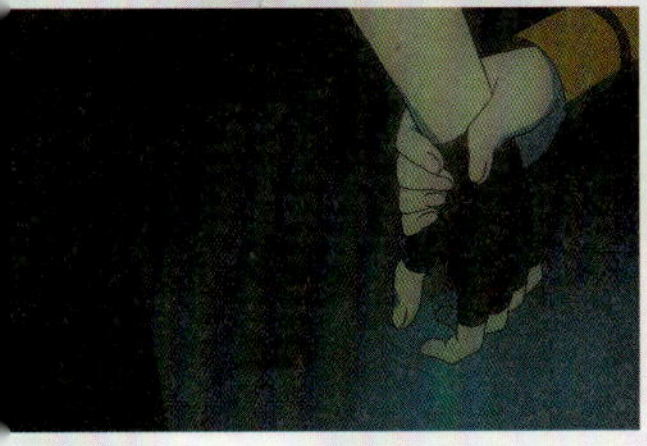

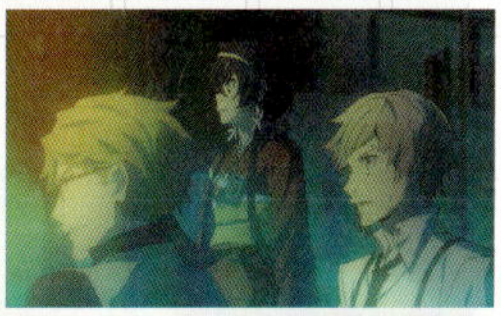

走り続ける2人に、獣が暴れたためか車が降り注いでくる。玩具のように飛ばされた車が、別の車に激突するとたちまち爆発する惨状に、敦は何かにつまずいて転倒してしまう。それは、倒れ伏した国木田だった。しかも国木田は、誰かに撃たれて左脇腹を負傷していた。国木田によれば、連続自殺の原因が判ったという。話す間もなく獣が追いすがってくるが、国木田は車を狙って発砲。こぼれたガソリンが着火して爆発が起こり、彼らは虎から離れる

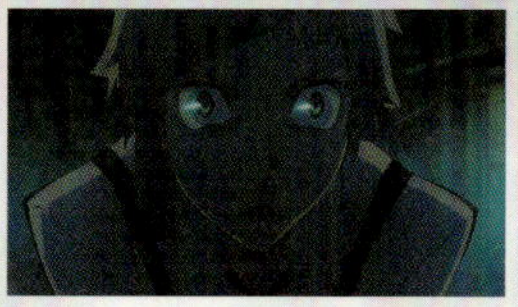

どうにか獣から離れ路地の奥へと逃れた敦達。国木田の傷は、自分の異能によって負わされたものだという。あまりの事に敦は理解が追いつかないが、そこに今度は赤く額を輝かせた「夜叉白雪」が現れた。国木田と共に敦は駆け、夜叉白雪の凶刃から逃れた

自分の異能に
やられた……

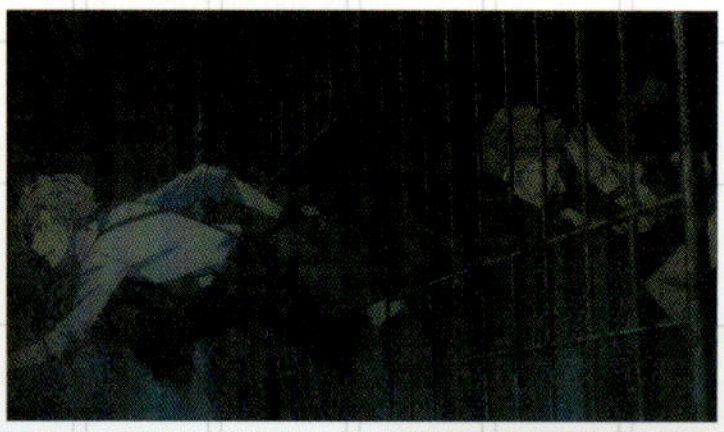

なおも周囲を斬り裂きながら迫り来る夜叉白雪。「乗って！」敦と国木田の窮地を、車を調達した鏡花が救った。ようやく危機から逃れる一同。国木田の語るところによれば、異能力者達は自殺したのではなく、自分の異能に殺されたのだという。「とりあえず探偵社に急げ」驚きを隠せない敦らに、国木田は探偵社へ向かうよう命じた

異能力者は自殺したのではない
自分の異能に殺されたのだ

B-PART

敵は自らの異能力

霧の中から襲いかかってきたのは、自分達の異能だった。
国木田は特務異能課の坂口安吾と通信し、状況の説明を受けた。
ヨコハマ全域を覆った霧の発生源は、ヨコハマ租界にある骸砦。
その首謀者はやはり澁澤龍彦であった。
安吾は重要な任務として、澁澤の排除を依頼してきた。
ヨコハマの危機に立ち向かうべく、敦達は骸砦を目指す。

首謀者である、澁澤龍彦を排除して下さい

国木田と合流し、一度探偵社に戻った敦と鏡花。国木田は社長室に入ると即座に隠しモニターを起動させる。モニターに映し出されたのは異能特務課に所属する安吾の姿だった。安吾は現在のヨコハマが置かれている状況と事件の首謀者である澁澤のもとに太宰がいることを説明すると、澁澤の排除を敦達に依頼する

国木田の異能力を使って、次々に武器を取り出す異能分離体。しかし、国木田は事務所の隠し棚から銃火器を取り出し、一歩も引かぬ決意を見せる。国木田から拳銃を受け取った敦は鏡花が運転する車で探偵社から離脱。澁澤を排除すればよいと割り切る鏡花に対し、敦は不安をぬぐい切れない。それでも敦は骸砦を目指す。太宰さえ助け出せば、この事態を解決できると信じて

太宰さんを助け出せば なんとかなる…… 太宰さんならきっと……

安吾との通信中に敦達を突然の爆発が襲う。その正体は国木田の異能分離体が手帳から取り出した手榴弾だった。「奴は俺が食い止める」と宣言する国木田を敦は「自分の異能力になんて勝てるわけが」と心配する。だが国木田は「勝てるかどうかではない。戦うという意志があるかどうかだ」と力強く断言する

勝てるかどうかではない 戦うという意志が あるかどうかだ

Check!

隠し棚の銃火器 やはりここは、武装した探偵社だ

武装探偵社には有事に備えた武器が格納されている。その種類は豊富で、ハンドガンやサブマシンガン、ショットガン、スナイパーライフルも備えられている。さらに、手榴弾、軽機関銃、アンチマテリアルライフル、無反動砲まで揃っている。

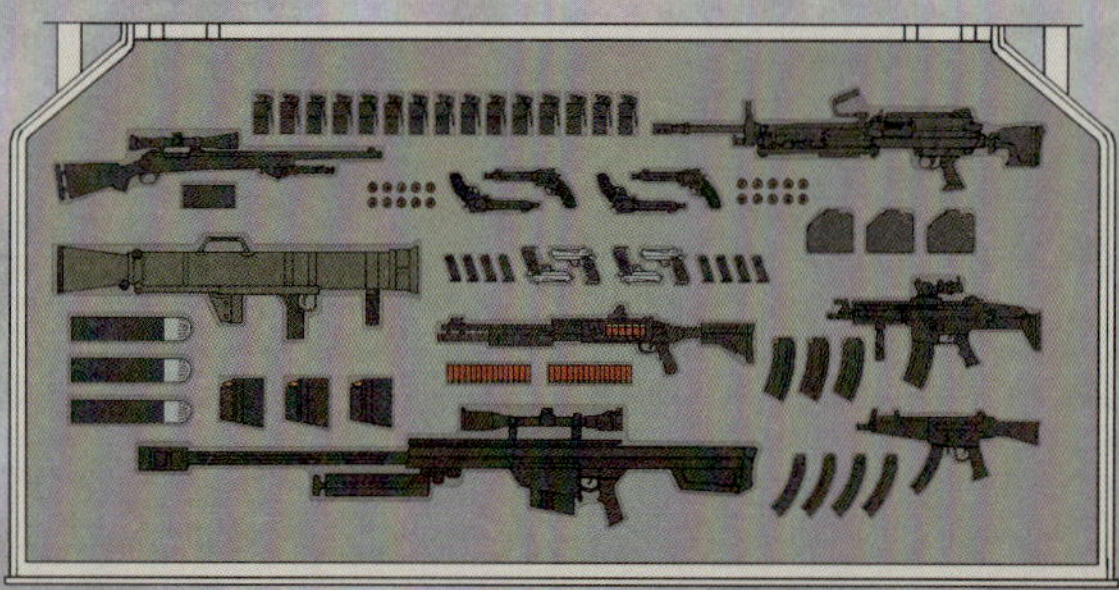

ヨコハマ租界の中心で、月明かりに照らされ静かに佇む骸砦。その中では3人の男達が会話を交わしていた。異能力者達が必死でこの夜を生き延びようとする中で「今夜、このヨコハマの全ての異能が私のものになるだろう。私の頭脳を超え、予想を覆す者は今回も現れない。実に退屈だ」と嘯く澁澤。それに対して太宰は普段と変わらぬ落ち着きで「君は今、私の真意が判らない。君に協力しているのか、利用して裏切る気なのかも」と挑発してみせる。しかし、太宰は何のために澁澤のもとにいるのか？

ああ、退屈だよ
一面の白と虚無……
ざらつきしかない世界

我々3人の誰が勝ち残っても
彼らは全員……
死ぬのですから

2人の会話を聞きながら「僕に云わせれば、お2人の真意は筒抜けです」と豪語するフョードル。3人の誰もが互いの考えを読み切っていると確信している。はたして この中で他の2人を出し抜き目的を達成できるのは誰なのか。しかし、フョードルの目算では、誰が勝ち残ってもヨコハマの異能力者は全員死ぬという……！

彼が裏切る可能性が
一番高いと思うけど？

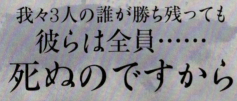

昔、自分が虎になって
暴れたって知った時は
そんな力、無くなればいいと思ったけど、
まさか**その虎に襲われる日**が
来るなんてね

霧の中を猛スピードで疾走する車。その荒々しい運転につい心配する敦だが、鏡花は「ヨコハマの地形は全て頭に入ってる。暗殺のスキルと異能力は関係ない」といたって冷静。マフィア時代に身に付けた技術が現在の鏡花を助ける。鏡花の言葉を聞いて敦は話題を変えようとするが……

両親を殺した夜叉白雪を
味方だと思った事はない

自らの異能力に襲われる事に戸惑いを漏らす敦に対し、「敵対するなら倒すだけ」と返す鏡花。その言葉に呼応するかのように、夜叉白雪が車の屋根に飛び乗ってくる。天井から突き刺される剣で敦は危うく串刺しになりかける

行って！早く!!

鏡花を助けるため拳銃を構える敦。だが、銃には安全装置がかかっており発砲することができない。そんな敦に逃げるよう訴える鏡花だが、敦はなかなか動けない。それでも恐怖を押し殺し再び銃を構える敦。その瞬間どこからか吹っ飛んできた人間が夜叉白雪に衝突する。その人物の正体は敦の因縁の相手、芥川龍之介だった

再び車に剣を突き立てる夜叉白雪。鏡花は敦の首を掴むとそのまま車から引っ張り出して脱出。車は電柱に激突し爆発。敦は無様に滑って倒れるが、鏡花は華麗に着地を決めるとすぐに身構えて、こちら目がけて刀を振るう夜叉白雪を迎え撃つ。ほんの一瞬の間に2人は激しく切り結ぶ

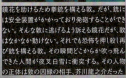

いきなり吹っ飛んできた芥川だが、その態度は冷静沈着。敦の銃を見ても「奴には豆鉄砲など効かぬぞ」と言い放つ。その奴とは本来は芥川の異能であるはずの羅生門。芥川は羅生門との戦闘の最中に敦たちのところに吹き飛ばされたのだった。芥川目がけてゆっくりと歩を進める羅生門。だがこの場に新たに現れた異能は羅生門だけではない。敦の異能であるはずの白虎も霧の中から姿を現す。かくして3人の異能力者の前に、それぞれの異能が敵となって姿を現した

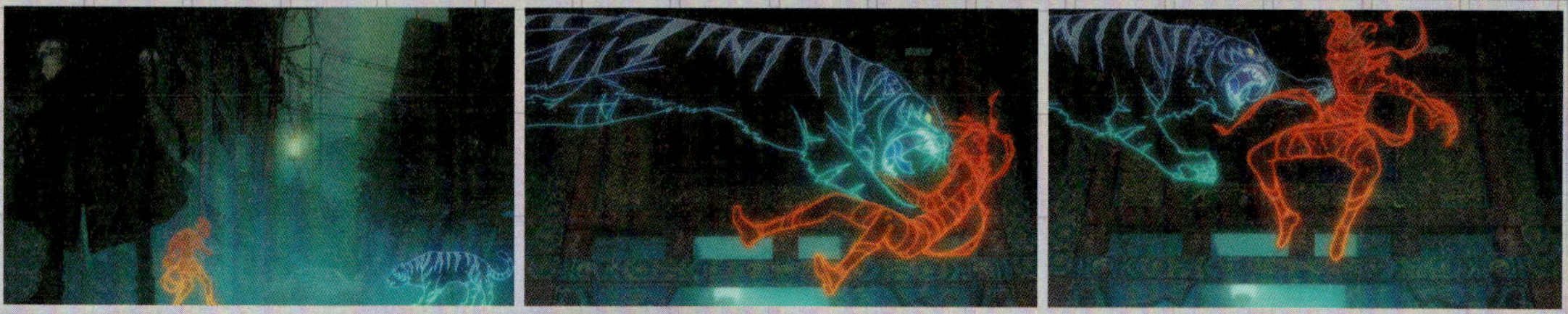

面白い。
どちらが強いか
見届けるか?

分離した異能は本来の持ち主を襲うはずだが、白虎は敦ではなく羅生門に襲いかかる。まるでそれぞれの異能の主を代弁するかの如き光景だ。それを見て芥川は「面白い、どちらが強いか見届けるか?」と不敵な言葉を交わすが、敦は「そんな事云ってる場合か」と冷静に突っ込む

あの霧は一体何なんだ

あれは龍の吐息だ

密室の中で「お互いの異能力がない今ならお前の暗殺術で僕を殺れるぞ」と鏡花を挑発する芥川。それに対して敦は「鏡花ちゃんはもうお前の事なんかなんとも思ってない!!」と鏡花をかばう。それを見て芥川は「異能力が戻っていないこの状態で決着をつけるか」と今度は敦を挑発。だが、その言葉の裏には異能力を取り戻す手段が存在することを意味していた

芥川の目的は澁澤を始末することにあった。「僕達は殺しはしない」と芥川のやり方を否定する敦だが、鏡花の思惑は違っていた……。さらに芥川は澁澤だけではなく、敵に回った太宰の命も狙っていた。芥川の言葉にショックを受け、これ以上の同行を拒む敦だが、鏡花は芥川と行動を共にするのが最善と判断する

「近くにマフィア上層部だけが使える秘密通路があるはず」。この鏡花の言葉を耳にした芥川は敦を連れてこの場を離れる。たどり着いた先は何の変哲もない中華料理屋だった。だが、芥川が厨房の壁に包丁を突き立てると隠し扉が開く。鏡花も2人に追いつき、扉に滑り込む。扉の中はエレベーターになっており、3人は脱出に成功。ヨコハマを包むこの霧もマフィアが用意した非常通路までは侵入できないらしい。霧の正体や異能力の取り戻し方を知っている芥川は、敦達よりも多く情報を握っているようだが……

美術設定

ヨコハマ

ART BORAD YOKOHAMA

墓地

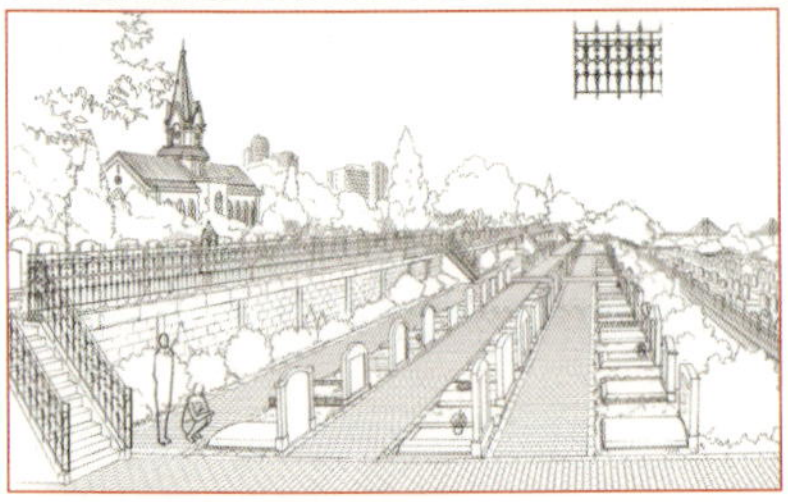

太宰が織田作の墓参りに訪れた墓地。実際の横浜は、江戸時代から日本の玄関として多くの外国人が駐留し、大きめの外国人墓地が複数設けられている。中でも国内最初に設置された外国人墓地は劇中に登場した墓地同様に、海を見下ろすことができる立地に造られた。作家の織田作之助は大阪府天王寺区、楞厳寺（りょうごんじ）に墓石が置かれている

霧のヨコハマ

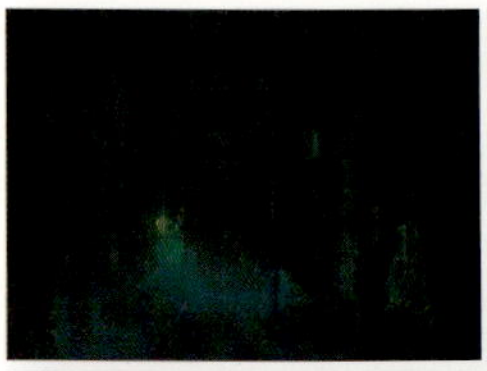

人の姿が消え、霧に覆われた夜のヨコハマ。その街並みはいつもよりも幻想的に映る。だが正体不明の敵から襲われる異能力者達にとってこの光景は不気味で恐ろしいものでしかない。サークルウォーク、象の鼻パーク、横浜美術館など、いつもと違った姿を見せる横浜の観光名所の数々が戦いの舞台に。敵となって襲い掛かる己の異能を相手に武装探偵社社員達はしのぎを削る

製鉄所

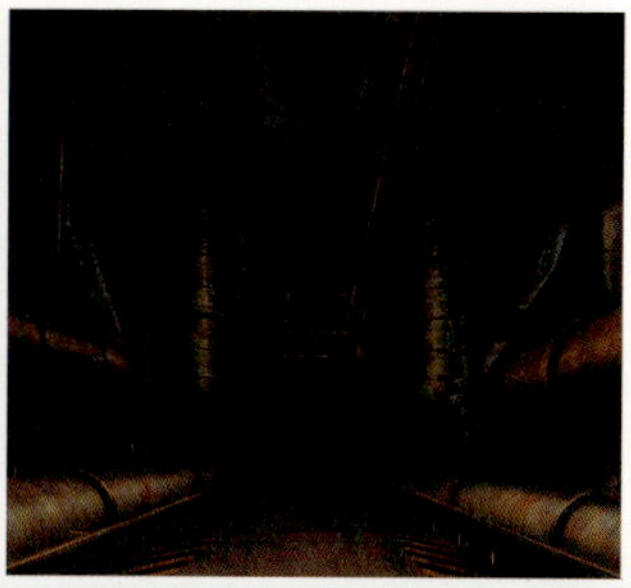

不本意ながらも同じ目的のため、芥川と行動を共にすることになった敦達。マフィアの秘密通路を使いマンホールの下から顔を出したところで着いたのがこの製鉄所だった。実際の横浜には「横浜製鉄所跡」という観光名所があるが、劇中に登場する製鉄所は電気が通っていることや溶鉱炉が稼働していることを考えると、現在でも稼働しているのだろう。ここで3人はそれぞれ自身の異能と対峙することになる

溶鉱炉

芥川が自身の異能力「羅生門」との決戦の場に選んだ溶鉱炉。ここは製鉄所なので鉄鉱石を高熱で溶かし、鉄を取り出す工程を行っている。この大きな設備は「高炉」とも呼ばれる。鉄鉱石が溶解すると1500℃もの高温になり、一酸化炭素や二酸化炭素も発生し、高炉周辺はかなり危険な場所になっている。溶鉱の中に落ちても無傷で飛び上がってきた羅生門の異能分離体はかなりの耐久度と云える

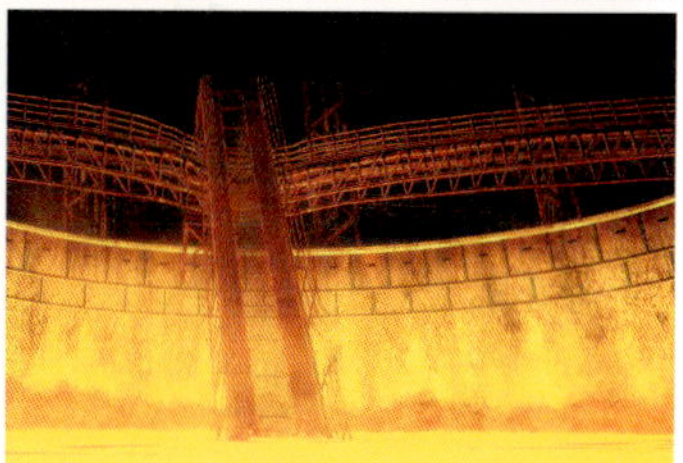

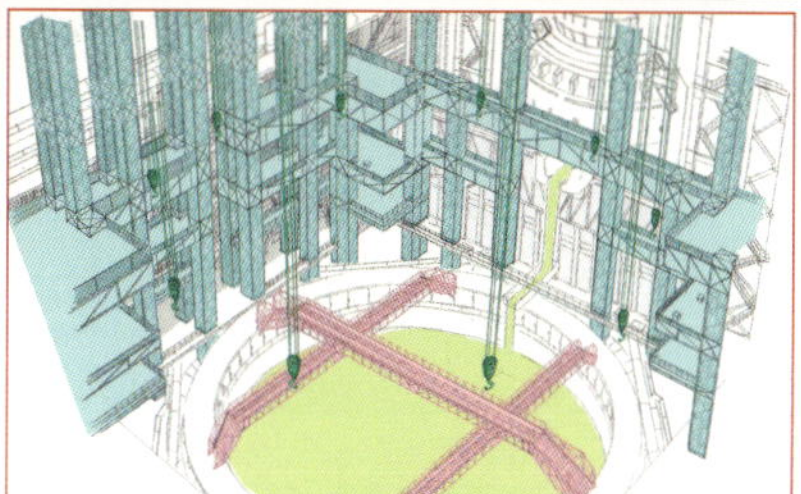

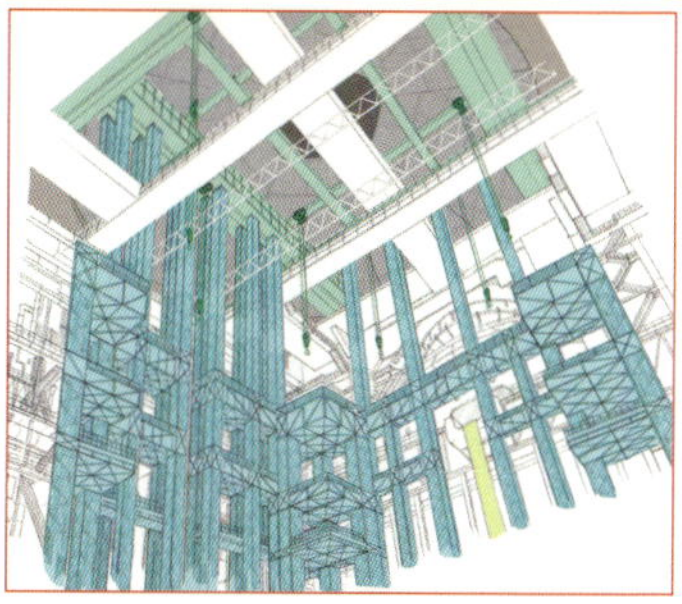

O-PART

己との闘い

澁澤のドラコニアには、死んだ異能力者の結晶体が集まり、
彼のコレクションとして収められていく……。
分離した異能はその主を殺そうと、容赦なく攻撃を仕掛けてくる。
敦も、芥川も、鏡花も、そして探偵社の面々も、己の異能と戦う。
いつもだったら自分の力となってくれる異能が牙を剥く。
その異能を倒さなければ、自分に力は戻ってこない。
澁澤龍彦の牙城に向かいながら、彼らは自分を超えようとする。

異能力者が死ぬと、分離した異能は結晶体となり、ドラコニアへとやってくる。澁澤が異能力の蒐集を行っているのは、彼の求めている「唯一の異能力」を手に入れるため。だから世界中を巡りながら異能力者を殺し続けてきた。今回のヨコハマで、彼の探し求める異能力が手に入るはずなのだが……

この場所に収まるべき唯一の異能がなくては意味などない

地下通路を抜けた敦達は、ヨコハマ租界の近くにある工場エリアへとやって来る。そこでは分離した「羅生門」が彼らを見下ろしていた。「僕の存在を感じられるのも道理か」と芥川が云っているように、異能分離体は、その主の居場所を察知し、追跡することができるようだ

我がコレクションルーム ドラコニアへようこそ

今はそれぞれ すべき事がある

だが盲点だった 戦い、倒す価値のある敵が こんなに近くにいるとはな

芥川は単独で「羅生門」と戦いに行き、鏡花は現れた「夜叉白雪」と交戦を始めた。敦もまた「月下獣」と対峙する。鏡花が呟いた「あなたも為すべき事をして」という意味が、この時点では判っていない敦は、全員が離ればなれになってしまった事に不安を抱いていた。しかし己の異能と戦って打ち勝つ事は、それぞれが〝為すべき事〟なのだと、鏡花は判断した

自分の異能力に勝てる人間が 1人でも居ると思うか?

「私にとって他人は、見知った機械の詰まった肉袋に過ぎない」そう云ってのける澁澤は、どの人間も信用していない。もちろんそれは太宰もフョードルも当てはまる。そして彼が唯一理解の及ばない人間だと感じたのは、自分自身だった。彼の世界には彼しかおらず、その行間の向こうにある〝空白の光の向こう〟を目指している。太宰はそれを聞いて「本当に友達が居たらそんな事云わないよ」と忠告する。だが澁澤はそれを意にも介していないようだった

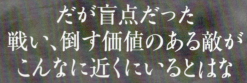

芥川は製鉄所の内部に入り、溶鉱炉付近で「羅生門」を迎え打つ。鉄鉱が溶けて猛烈に熱くなっているこの場所は、クレーンなどの駆動する機械が多い。芥川は「羅生門」を遠隔から攻撃するためにこれらを利用した。しかし「羅生門」も不意打ちに対応し、正確に芥川を布の刃で貫こうとしてくる。なんとか逃れる芥川だが、手すりが折れて、溶鉱炉へ——

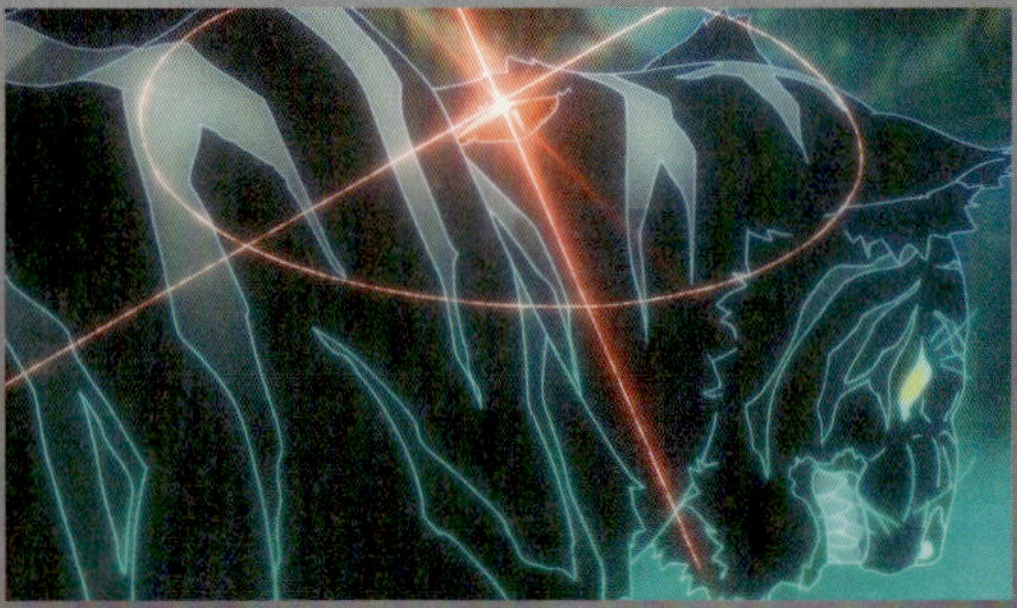

敦も「月下獣」の襲撃に苦戦していた。異能の虎にはハンドガンの弾は効かない。飛びかかられて怪我をしても、異能力による治癒能力も働かない。すると敦は虎の首元に光る結晶体に気づく。異能分離体には、異能の核となる結晶体が嵌まっている。これが澁澤のところに集まっているものなのだが、壊してしまえば異能力は主に戻る。敦はここでそれに気づいたのだった

探偵社の面々も異能分離体との戦いに苦戦していた。異能力が使えず、素の自分の力だけで戦わなければならないため、普段と状況が全く違う。一方で相手は異能力をどんどん使って攻めてくる。鏡花もまた、襲いかかる自らの異能力「夜叉白雪」と剣を交えていた。刃渡りの差で、刀と匕首では分が悪い。剣戟をかわしたところで、携帯を吊るす紐が切られてしまった

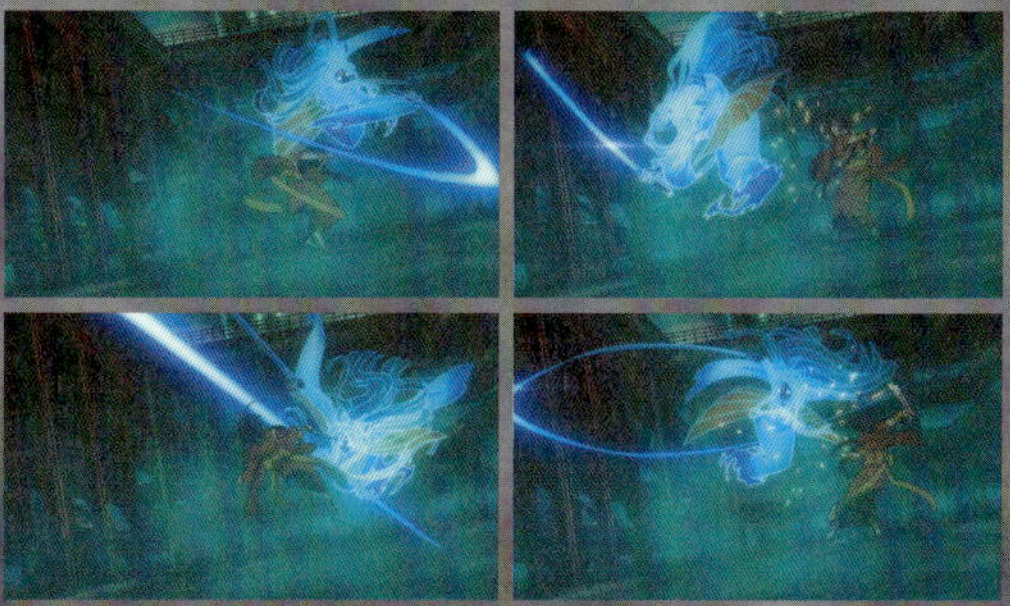

それでいい……
お前はそこに居ろ

異能分離体「羅生門」

芥川の異能力は羽織っている黒い外套を操るが、分離した異能は「天魔纏鎧」の姿を取っている。纏っている布を操って攻撃してくるため射程距離が定まっている。異能であるためか、灼熱の溶鉱の中に落ちても平気で這い上がってきた

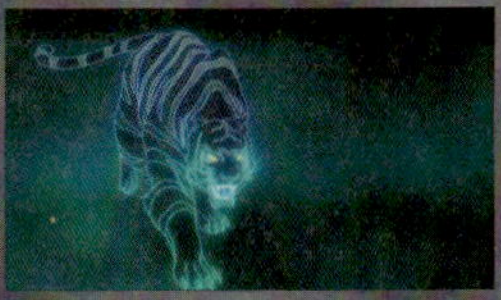

鏡花の母

cv 中村千絵

和服を着た黒髪の美人。記録としては「異能力の暴走」によって、夜叉白雪に斬り殺されている。鏡花が持っている携帯電話は、母親から預かった形見だった

それでもあなたは、その力をみんなのために使いたいんでしょ？

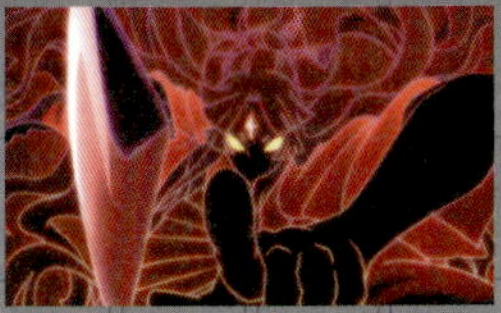

鏡花に刃が突き立てられんとしたその一瞬、死を間際にした走馬灯なのか、彼女は自分の母親の声を聞いた。閉ざされた記憶の向こうにある、母が託してくれた想い。心の奥底に眠っていた、自分の異能力への想い。殺戮の権化として扱ってきた「夜叉白雪」を嫌いたくなくて、本当は仲間を助けるために使いたい……。鏡花は複雑な想いを自分の異能力に抱いていたが、ここでひとつのしがらみを断ち切れたのかもしれない

愚者め!
まだ判らぬのか!

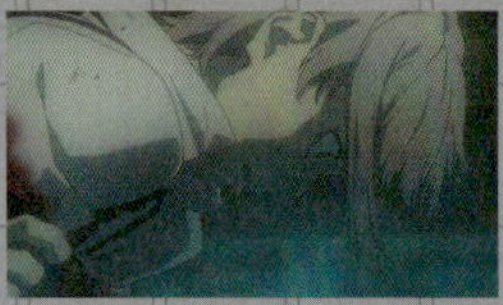

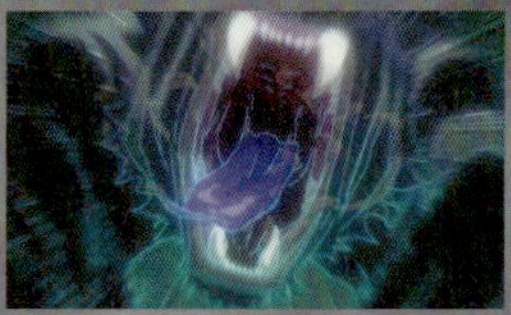

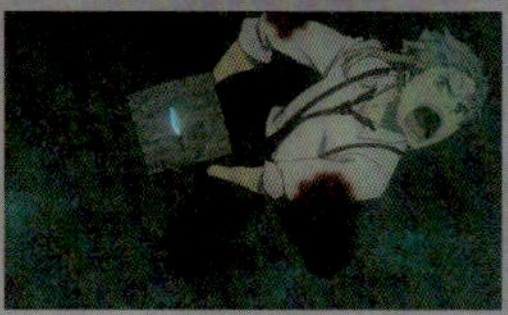

鏡花は自身の異能力「夜叉白雪」を取り戻した。戻ってきたことを示すかのように、夜叉は鏡花の携帯を丁寧に拾って届けてくれた。同じように「月下獣」を倒した敦だが、彼には異能力が戻ってきていない。何故なのか敦には判らない。結晶体を砕くだけではなく、他に条件があるのだろうか

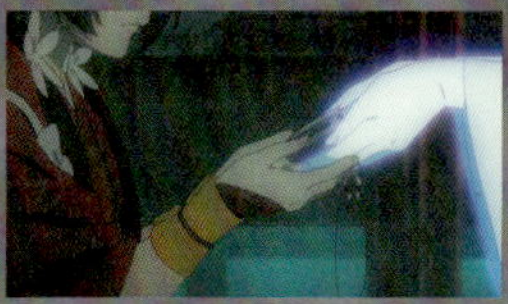

何なんだ！芥川!!
どう云う意味だ!!

芥川も鏡花も、自らの異能力との戦いの中で、その力を自分の物と認めて受け入れていた。しかし敦はどうだろうか。〝虎〟はこれまでも敦に力を与え、そのおかげで数々の困難を乗り越える事ができた。けれど敦はまだ、自分の中にいた〝虎〟に怯えていた。心を閉ざしている主の元に、異能力が帰ってくる道理はない

だから手前《テメェ》は駄目なんだよ!!

貴方に依頼すると決めた時点で
覚悟は出来ています

異能特務課は異能力者の監視・管理を行っている。そのため、武装探偵社だけでなくポートマフィアと連絡を取ることも可能だ。今回呼び出された「異能力者№A5158」とは中也の事だった。いけ好かない特務課かつ安吾の呼び出しであることに、中也は苛立っていた。排除の対象がかつて戦った澁澤龍彦だという事も含め……

D-PART

異能の混沌〝龍〟の顕現

澁澤のいない間に、骸砦に集められた結晶体を解放しようと、
太宰は結晶体に「人間失格」を使い、元の状態へ戻そうとした。
しかし、フョードルの裏切りで、太宰は澁澤に刺し殺される。
澁澤は太宰の結晶体を得るが、それは彼の求めていたものではない。
呆然とする澁澤はフョードルに喉を切り裂かれ、記憶を取り戻す。
6年前、虎化した敦に引き裂かれ、死んだ事を。
求めている〝輝き〟は敦であることを。

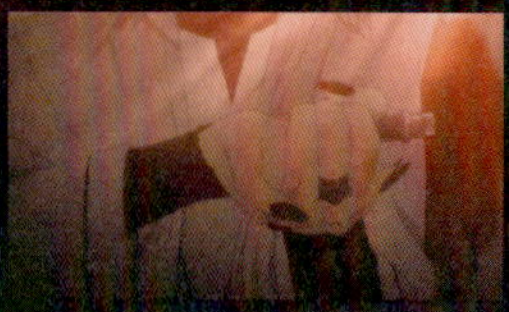

「云っただろ？　私の予想を超える者など現れないと」裏切りは最初から仕組まれていた。澁澤によって背中を刺された太宰は、果物ナイフに盛られた神経毒によって命を落とす。太宰自身が死んでしまうと、「人間失格」による無効化も効かず、身体からは異能力が分離して結晶体となってしまう。しかし太宰の結晶体は、澁澤の求めていた「空白を埋めるもの」ではなかった

味わえ……
君の待ち望んだ
死だ……

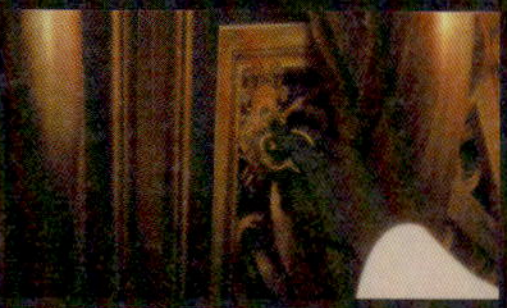

道化は誰か……と云う事か

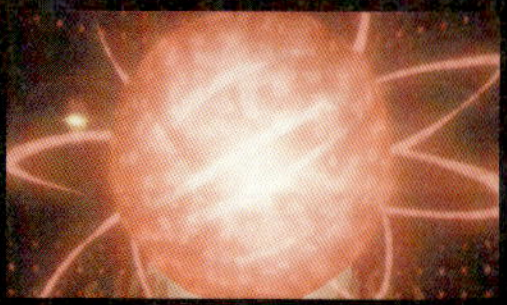

結晶体となっていた異能を、太宰の異能力「人間失格」によって解放する。「目に見える範囲にある異能力者を1ヶ所に集める結晶体」と「触れた異能力者同士の異能力をひとつの異能にする結晶体」。このふたつが合わさることで、ドラコニアにある結晶体が引き寄せられ、大きなひとつのエネルギー体となった

Check!

異能力同士の矛盾 特異点が生まれる

異能力が持っている力が矛盾し合い、共鳴すると、「特異点」と呼ばれるものが発生する。そこから生まれるエネルギーは果てしないものだ。

あなたの失われた行間は
僕が埋めて差し上げます

太宰の異能力が求めていたものではなく、更には特異点まで発生してしまった。自分の予想に反する出来事に呆然とする澁澤へ、フョードルが核心を突く。澁澤が求めていたのは「自分の失われた記憶」だった。そしてその記憶を思い出すトリガーは〝死〟だった。喉を切り裂かれた澁澤が思い出したのは、自分の〝死〟の記憶……

これではない!!

敦がたびたびフラッシュバックさせていた閉じられた扉の先には、孤児院時代の封じられた記憶があった。その扉に手を伸ばす敦だが、院長の幻影が囁いてくる。「せっかく失った虎の力だ。決別して生きてゆけ。安心しろ、誰もお前に期待などしていない」……。しかし敦は扉を開けた。知ってしまえば、知る前には戻れない。過去の記憶が、敦の前に蘇る

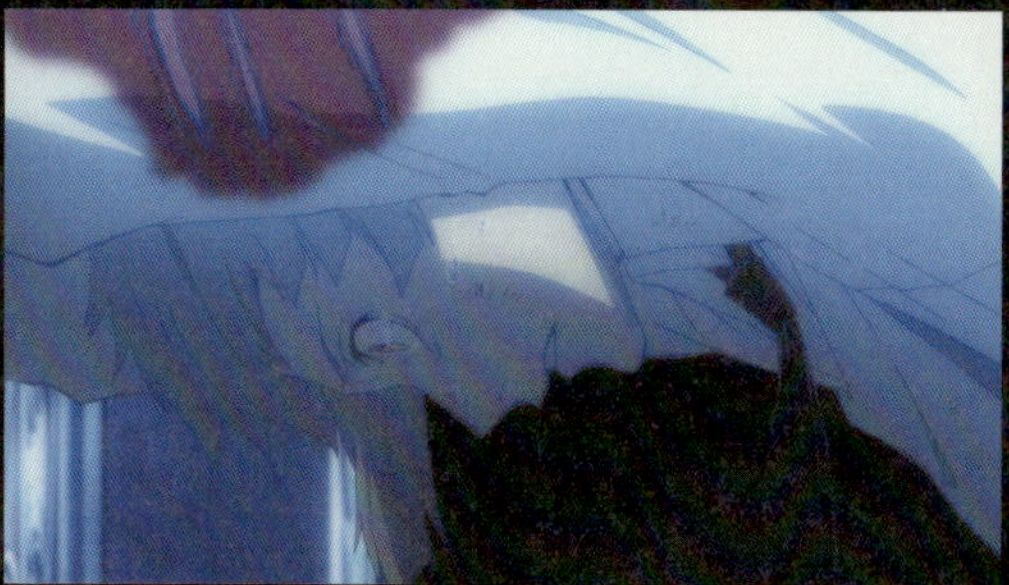

自らの意志で生き、
そして死ね……

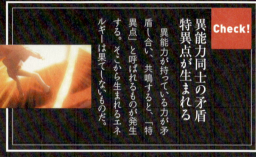

あの時僕は
爪を立てた……

あの時私は
スイッチを押した……

いつだって少年は
生きるために
虎の爪を立てるんだ!!

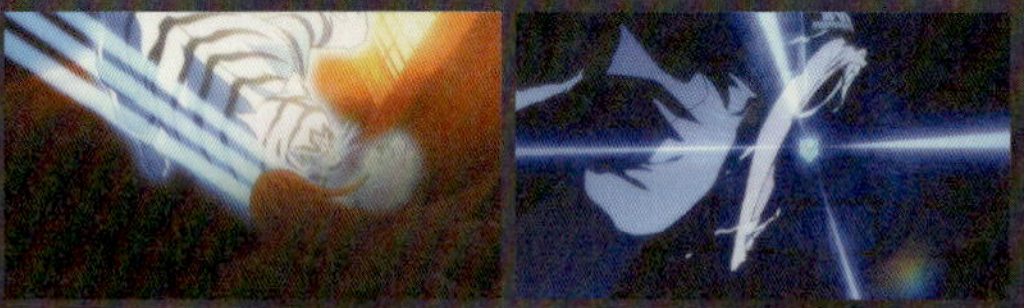

6年前、フョードルからの情報で、孤児院にいる中島敦の異能力が「世界でも稀な存在」で「異能力者の欲望を導く唯一の異能」だと知った。敦の深奥に仕舞い込まれているその異能を取り出すために、澁澤は敦を拷問した。電気椅子に縛り付けられ、電流を流される敦から出てきたのは、輝く青い結晶体。通常の赤い結晶体とは異なるそれに澁澤は興奮するが、虎の力で拘束を解いた敦に顔面を切り裂かれる。澁澤の記憶はここで途絶えていた

フョードルは霧の中で異能が分離しても、それに襲われることはなかった。太宰と澁澤と利用し、特異点を発生させた彼は不敵に微笑む。彼の持つ異能力が一体どんなものなのか、謎は深まる

これは暴走でも特異点でもない
龍こそが異能が持つ混沌……
本来の姿なのです

特殊な状況で特異点が発生し、そこに澁澤の異能も加わったことで、異能のエネルギーの中から〝龍〟が顕現した。フョードルが云うには、これは「終焉の化身」「異能を喰う霧の主」であり、「暴走でも特異点でもない。龍こそが異能の持つ混沌……本来の姿」なのだと云う。特異点の異常値は上昇を続け、龍頭抗争の頃に観測したものの5.5倍以上に膨れ上がっていった。骸砦よりも巨大になり、周囲を破壊し尽くす力を持つであろうこの〝龍〟に対抗できるのは、異能力者の中でも限られた者しかいないだろう

中原中也と坂口安吾 命の張り処

言葉に気をつけろよ、教授眼鏡
——中原中也

「教授眼鏡」こと坂口安吾の要請に応じてやってきた中原中也。ドアを蹴り飛ばして入ってくるあたり、かなり苛ついている様子だ

僕を殺しますか？
——坂口安吾

死んだ仲間の恨み

「全てはこの国のためです」異能特務課は、龍頭抗争では事態鎮静のために澁澤を介入させ、その後も澁澤の「蒐集」に目をつぶり隠匿してきた。澁澤に仲間を殺された中也は、異能特務課のやり方が気に食わない。安吾の胸ぐらを掴み上げ、恨みをぶつけた。

恩の貸し借りと、「覚悟」の提示

「教授眼鏡に借りを返せ」

安吾はそのメッセージと共に、異能力者№A5158——中原中也を呼び出した。詳細は明かされていないがこの2人「昔、色々あった」らしく、中也は「裏切り者の教授眼鏡」に個人的な借りがあるようだ。安吾はその借りを返せとばかりに、今回の事件解決を依頼してきたのだ。

一時期、ポートマフィアに情報員（しかしその実態は潜入捜査官）として在籍した安吾と、当時も今も幹部として高い地位にある中也。ポートマフィア時代も何らかの関わりがあったようだ。

そんな昔の話を持ち出された事

報酬である私の命を
貴方はまだ受け取っていない
——坂口安吾

思い上がんなよコラ……
——中原中也

辻村と中也の再会

中也が辻村に「お前、あん時の嬢か」と云ったのは、以前とある事件の最中に出会っていたからだ。辻村自身が制御出来ない異能力「きのうの影踏み」で出現した「影の仔」ににじり寄られているところを、中也が助け、そして助言をすると去っていった。辻村は中也に恩があったのだ。

命を懸ける覚悟

異能の混沌である龍が顕現したということは、太宰はもう排除されている。そのことを安吾が伝えても中也は「構やしねェよ」と返す。つまりそれは「汚濁」の解除が出来ないということだ。安吾は任務のために命を懸けて「覚悟」を見せた。だから中也も自らの命を懸けて「覚悟」を見せたのだろう。

そう云うのはなあ、
ビビって帰っていい理由になんねェんだよ
——中原中也

あれは人知を超えた
バケモノ……
過信して戦えば
……死にますよ
——辻村深月

と、6年前の事件との関連性に気づいた中也は当然の如くいきり立った。ヨコハマ裏社会に多大な出血を強いた龍頭抗争の際に、安吾の所属する異能特務課は澁澤龍彦を投入、事態収拾のため殺害を認めたのみならず澁澤の暗躍を隠蔽した。抗争時、澁澤の異能力によって死に追いやられた中也の仲間は6人。異能特務課が澁澤を使わなければ——中也は、この時の怒りを忘れてはいなかった。

ただし、安吾は「借りを返せ」と云ってはいるが、この惨事を食い止められるのはもはや中也しかいないという判断で、中也に連絡を入れた。手に負えない事件が発生した際は、ポートマフィアにも協力を求める——それが安吾のやり方だった。そして、街や多くの人々を救うためだったら、自らの命を懸ける「覚悟」を持って仕事をしている。

中也も、粗暴な性格ながらポートマフィアの幹部である。澁澤排除のため、自らの生命を報酬とした安吾の命懸けの依頼を理解して、汲んだ。苛立ち、ぶつかり合いながらも、お互いの「覚悟」と、行うべき使命に向かい、2人は出来る全力の最善手を打っていった。

汝、陰鬱なる汚《お》濁《ぢょく》の許容よ
更《あらた》めて、我を目覚ます事なかれ

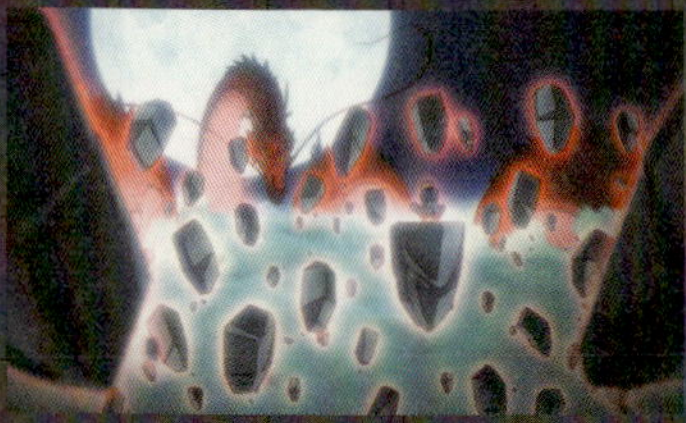

輸送機「鴻鵠」に乗って骸砦上空へやってきた中也は、後部ハッチから空中へと飛び出す。強大な〝龍〟に対抗するには「汚濁」を使うしかない。異能力の暴走状態を解除できるのは太宰の「人間失格」だけ。その太宰はすでに排除されている……。しかし中也は太宰を信じ、自分を重力子の化身として暴れさせる。巨大な〝龍〟と対峙し、中也は空中を駆ける——

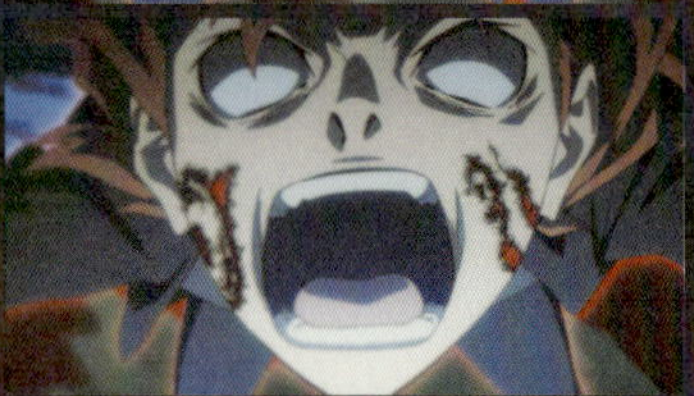

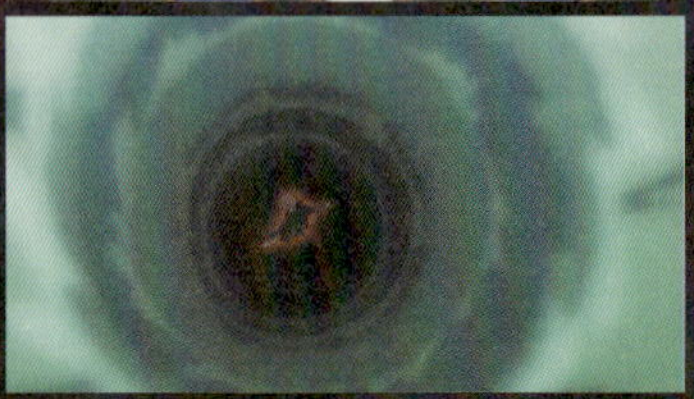

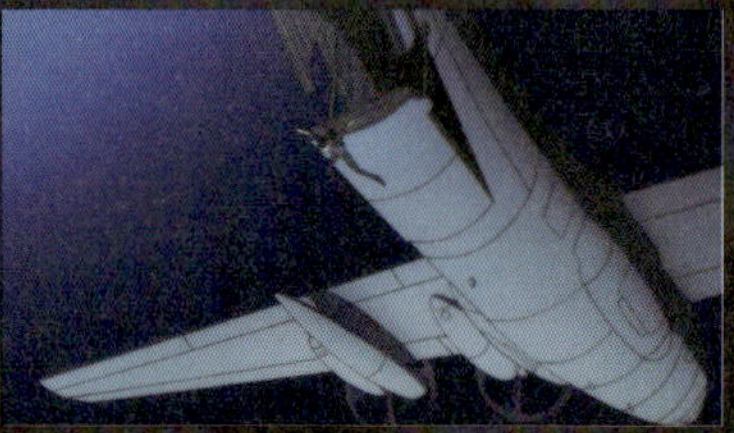

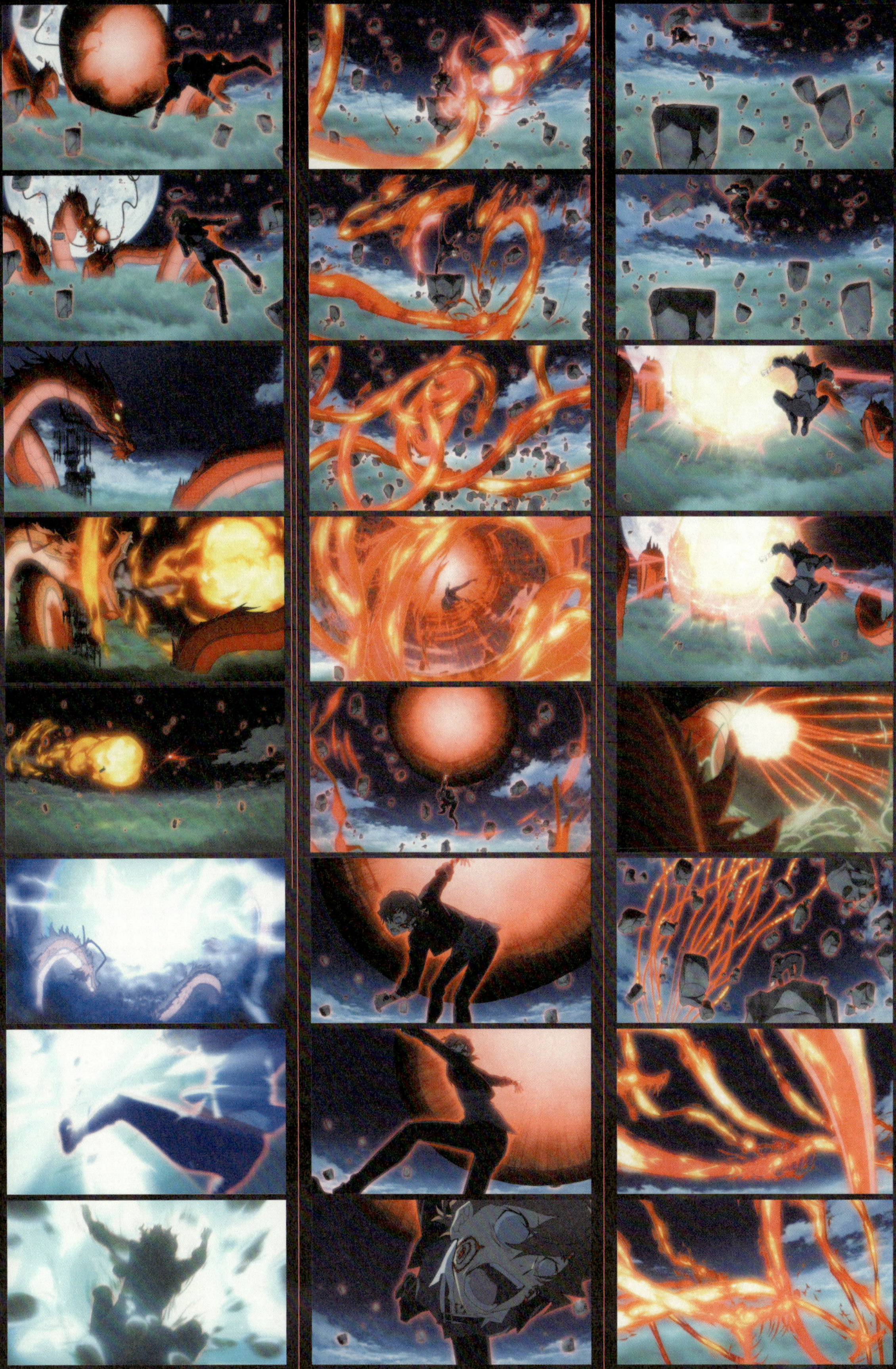

重力子弾と〝龍〟の炎がぶつかって爆発した。一度は吹き飛ばされた中也だが、粉塵の中から持ち上げてきたのは、なんと高層ビルだった。大質量のビル自体を〝龍〟の鼻先へとブチ当てて、更には咆哮する〝龍〟の口めがけて押し込み、吐き出されんとしていた炎を体内で炸裂させた。巨大な〝龍〟もこれには耐えられず、内側から爆発し、消し飛んだ

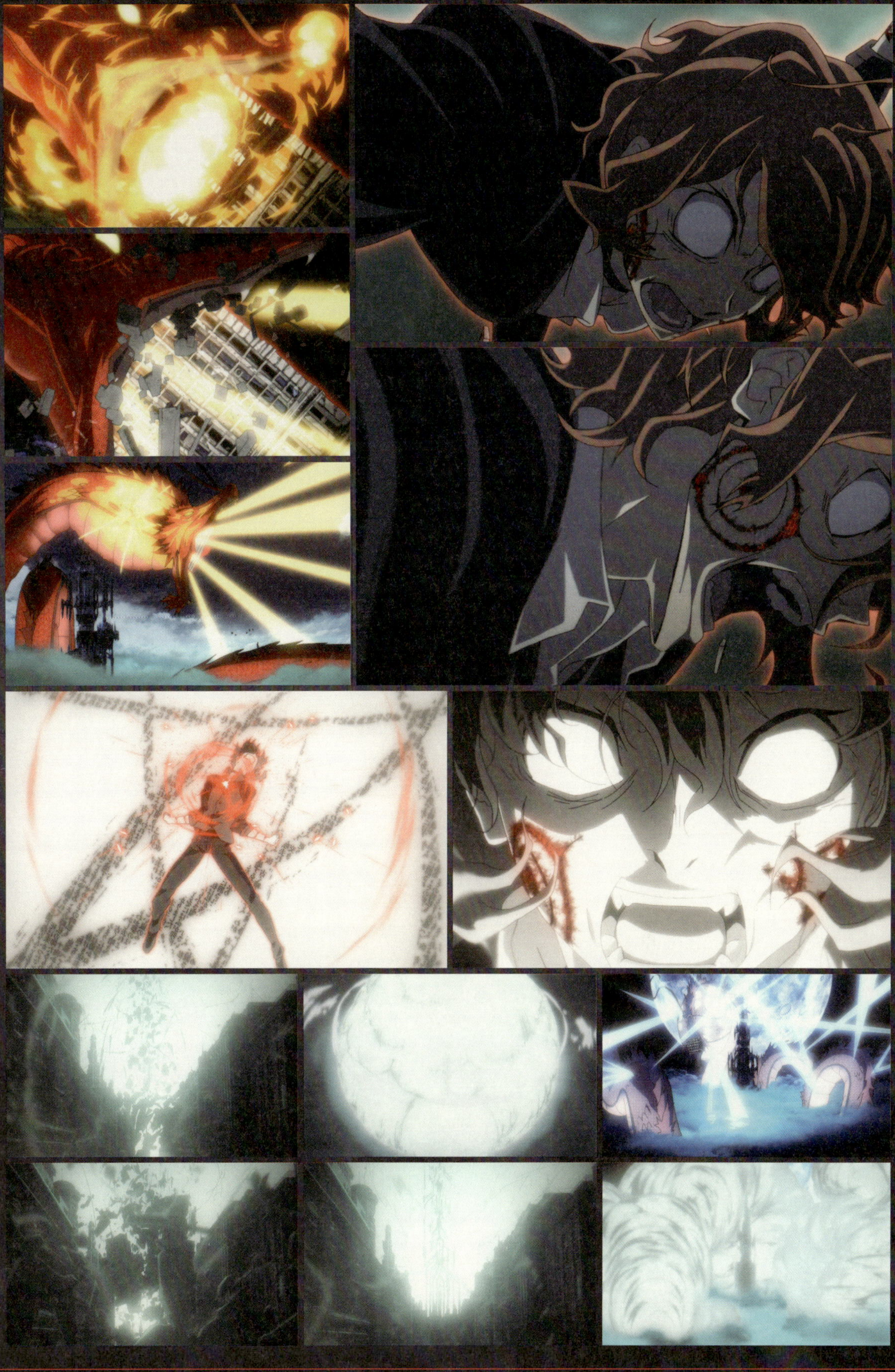

太宰治と中原中也
命を預けられる奴

こいつは奴の戯れ事だ
太宰のポンツクは
あの中に居る
間違いねェ……
——中原中也

奴の戯れ事だから

龍が顕現し、「汚濁」の力でも勝てるかは判らない状況だが、中也は怯まない。おそらく太宰が排除されている、という情報を聞いても、そう簡単にくたばるはずがないと考えていたのだろうか。龍の中に居る太宰を一発殴るため、中也は決死で「汚濁」を発動させる。本当に太宰が死んでしまっていたら自分は死ぬまで暴走するしかない、そんな状況で……。

「元相棒」だからこそある不本意な絶対の信頼

ヨコハマを牛耳るポートマフィアにおいて、首領《ボス》である森鴎外に「黒社会最悪の2人組」と言わしめたほどの太宰と中也。この2人で敵異能組織を一晩で滅ぼしたという逸話が残るほどだ。

太宰が組織を裏切り、敵対する武装探偵社に入った事で、かつての〝双黒〟は袂《たもと》を分かった。会うたびにいがみ合いながらも、相棒として様々な闘いに関わり、過ごした日々は遠い過去。現在は敵対する組織に所属している2人だが、立場が変わっても、変わらないものがある。それは、ヨコハマを守ろうとする一貫した強い思い。そして、危機に瀕した際には、何も言葉を交わさずとも

憎いアイツの顔面を

龍を討ち果たした中也は、理性を失って暴走している状況でも、太宰の顔面めがけて拳を放った。そのおかげで太宰が口の中に仕込んでいた神経毒の解毒剤が割れ、太宰を生き返らせることになった。太宰は澁澤をヨコハマに呼び込んだ時点か、それよりも前から、自分が毒で倒れることを予期していたのだろうか……。

私を信じて汚濁《おぢょく》を使ったのかい。泣かせてくれるね

——太宰治

ああ信じてたさ、手前《テメェ》のクソ忌々しい生命力と悪知恵をな

——中原中也

自分のやるべき事を遂行するというものだ。この「元相棒」同士の間にある、お互いの実力に対する〝絶対の信頼〟は現在でも存在するのだろう。

これは少年時代に出会った2人だからこそ築き上げることができたのではないか。人の心を掌握するスキルに長けていて、戦略的に他人を追い込んでいく太宰に対して、中也は真面目な性格で確実に任務をこなしてきた。いつも中也は太宰の突拍子もない行動に振り回され、苛立っていたが、「汚濁」を使うにあたっては覚悟を決めて太宰を信頼しなくてはならなかった。

信頼がなければ、中也は太宰がすでに〝排除〟されている状況で、死ぬまで止まれない「汚濁」を使わなかっただろう。太宰も中也が〝殴りにくる〟事を想定して口内に解毒剤を仕込んでいたが、それは中也の実力を信じていたからに他ならない。骸砦が崩れ落ちた後、動く力がなくなった中也に太宰が触れているのは、未だ消えぬ霧の中で中也の異能が分離しないように防いでいるのだ。とことん合わない2人だが、戦いにおいてはお互いを命を預けられる。だからこそ、黒社会最悪の「元相棒同士」なのだろう。

混沌の龍を退けた後で

「汚濁」を使ったせいで満身創痍となった中也は一歩も動けなくなっていた。しかし澁澤の霧は消えずに残っている。霧の中では異能力が分離してしまうが、太宰が触れていれば防ぐことが出来る。太宰は中也を自分に引き寄せて、冷静に対処した。敦が澁澤を倒し霧が晴れるまで、2人はその場所で闘いを見守っていたのかもしれない。

D-PART

生命の輝き

中也の活躍で〝龍〟は消え、骸砦は崩れ去った。
しかしフョードルが残していた結晶体の欠片によって、
澁澤は特異点の力を吸収して蘇った。
ヨコハマを焼却しようとするアガサ・Cの爆撃機が迫る中、
芥川と鏡花、そして異能力を取り戻した敦の3人は、
「生命の輝き」を求め、死してなお戦う澁澤に挑む。
悪魔のように嗤う澁澤という〝龍〟に〝虎〟の敦が相対す。

ここまでは読んでいた……
だが、この先は彼ら次第だ……

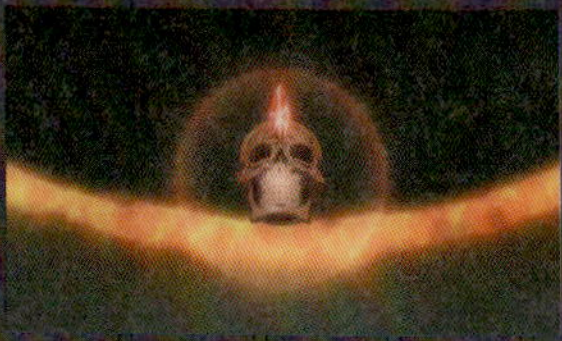

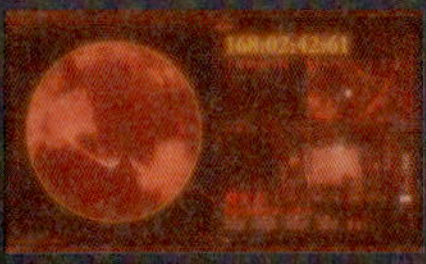

私を殺して生命力を
証明して見せた君の魂を……
その輝きを
もう一度見せてくれ……

Check!

英国から飛来する焼却の異能力者

アガサ・Cが派遣した焼却の力を持つ異能力者。彼は中央に座り、その周囲を4人の異能力者が囲み、力を増幅させていた。力を増幅させたことで、ヨコハマ全域を焼却する火力を有していた。ステルス爆撃機が到着するまでの猶予は30分。

髑髏に埋められた結晶体によって、澁澤の身体が再構築されていく。それは生前の澁澤とも、分離した異能だった澁澤とも異なった力を持って蘇った。失くしていた記憶を取り戻し、死ぬ直前に感じた敦の生きようとする輝きを求めていた。死から蘇り、ただ生の充足を得るために、澁澤は己の力を振るう

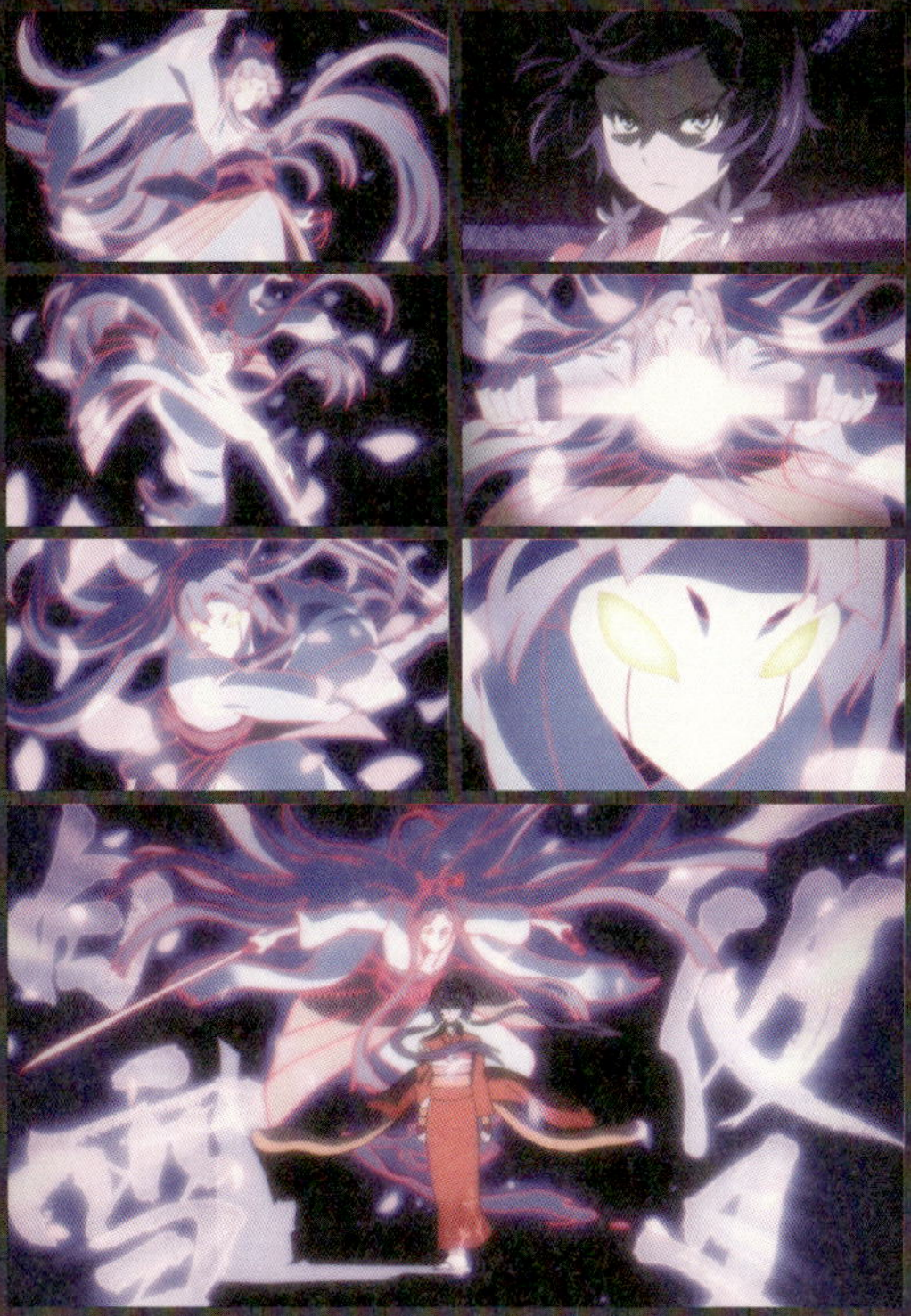

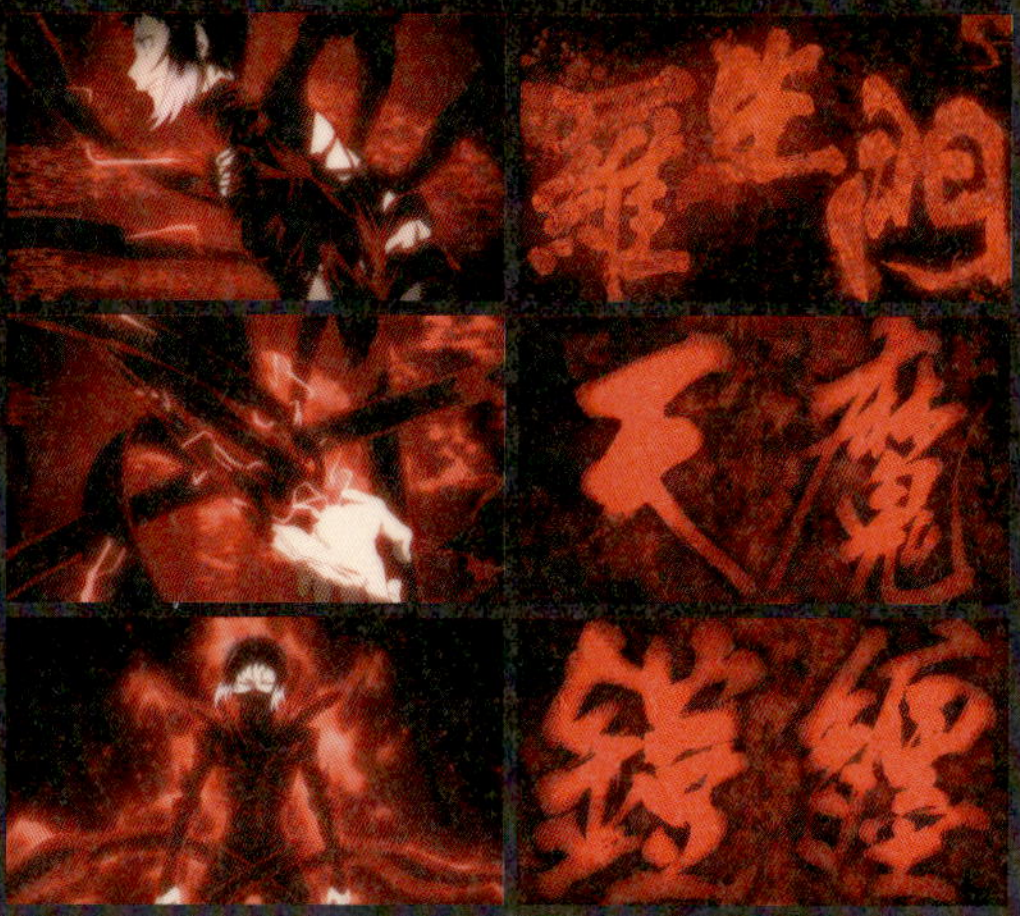

澁澤が特異点の化身となったため、彼の異能力である霧は拡大を始め、このままでは世界中を覆うまでになると予測された。これを止めるには彼を倒すしかない。そんな状況は判らずとも、芥川も鏡花も澁澤を倒すためにやってきた。芥川は「羅生門」を身に纏う「天魔纏鎧」を発動させ、鏡花は制御出来るようになった「夜叉白雪」を召喚する

自らの異能力を取り戻す者が2人もいたとはな……

異能力を取り戻すのは私達2人だけじゃない!!

「可愛いエリスちゃん」を攻撃できない鴎外と、互角の技量に苦戦する福沢だったが、偶然2人は美術館前で遭遇する。自分では倒すのが難しい異能分離体を片付ける場合の最適解は、互いに互いの異能を打ち倒すことだった。福沢の剣戟はエリスの結晶体を両断し、鴎外は隠し持っていた拳銃で福沢の異能の眉間を撃ち抜いた。敵対する組織であり信用ならない相手であるが、その腕前は確かであると、2人共認めているようだ

大好きよ、リンタロウ

異能分離体「エリス」

cv 雨宮 天

鴎外が溺愛しているエリスだが、実は彼の異能力「キタ・セクスアリス」によって具現化している存在なのだ。力を発揮する際は看護士の姿となり、巨大な注射器を武器としている。それは異能分離体でも変わらない

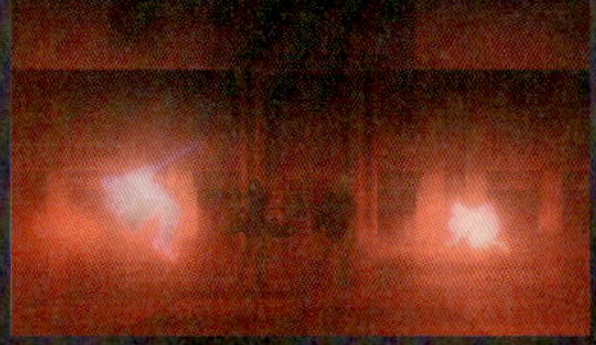

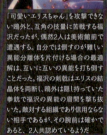

既に死んでいる者を
どうやって殺す!!

「生命の輝きって何だ?」過去の記憶を思い出しても、敦には自分の中に特別な輝きがあるとは思えなかった。それに彼はまだ自分の中に居る〝虎〟に怯えていた。けれどその〝虎〟が敦の命を助け、生きる道を与えてくれていた。そうして敦は気づく。「心臓の鼓動から逃げられないのと同じなんだ。なぜならお前は僕の生きようとする力だから……」澁澤と戦い、命を燃やしているみんなのために、敦は自分の元へと〝虎〟を呼ぶ!

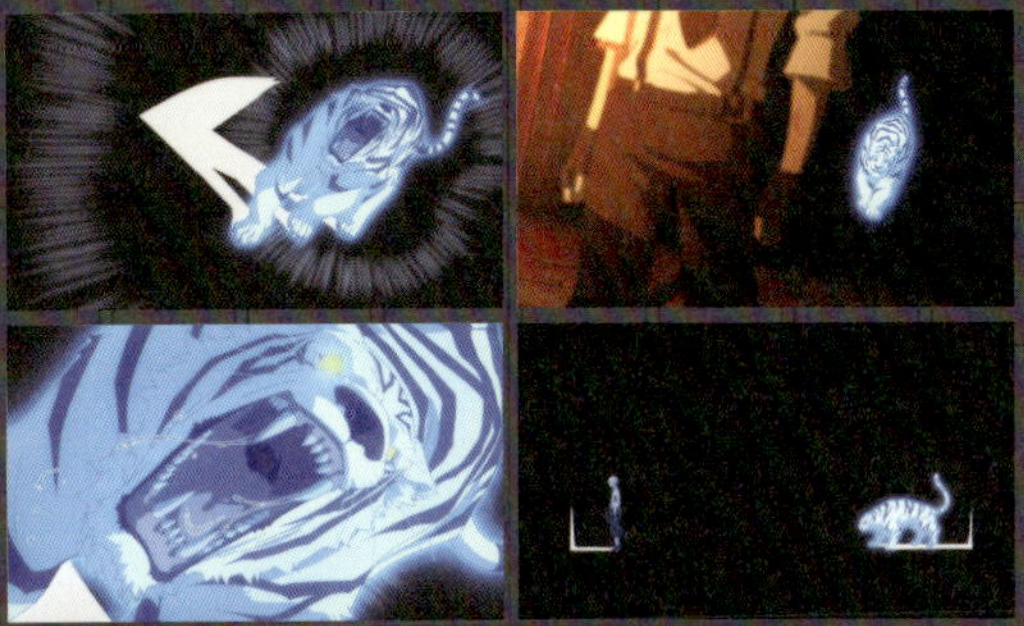

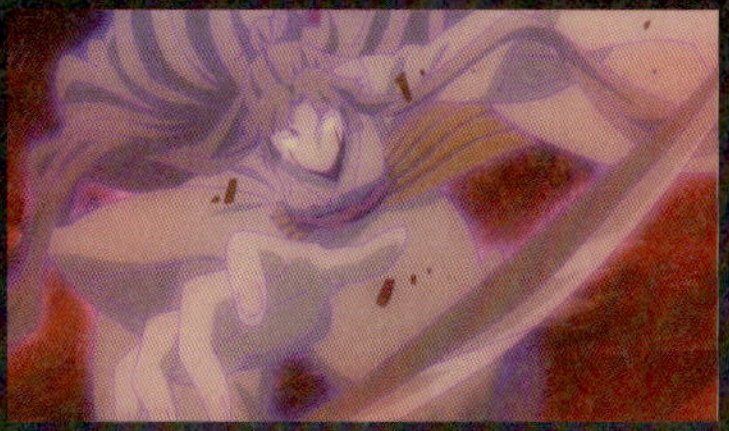
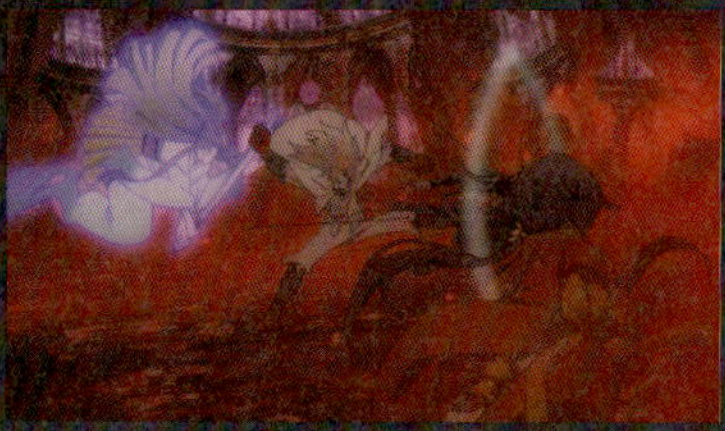

ならば、白虎を纏う君は、全ての異能に抗う者だな

中島敦　人虎状態

異能力を取り戻し、人虎の状態になった敦。以前と比べて虎の要素が色濃く出ており、顔の側面も虎の毛で覆われている。異能力「月下獣」を自分のものとして認めたため、これまでよりもパワーは上がっているようだ

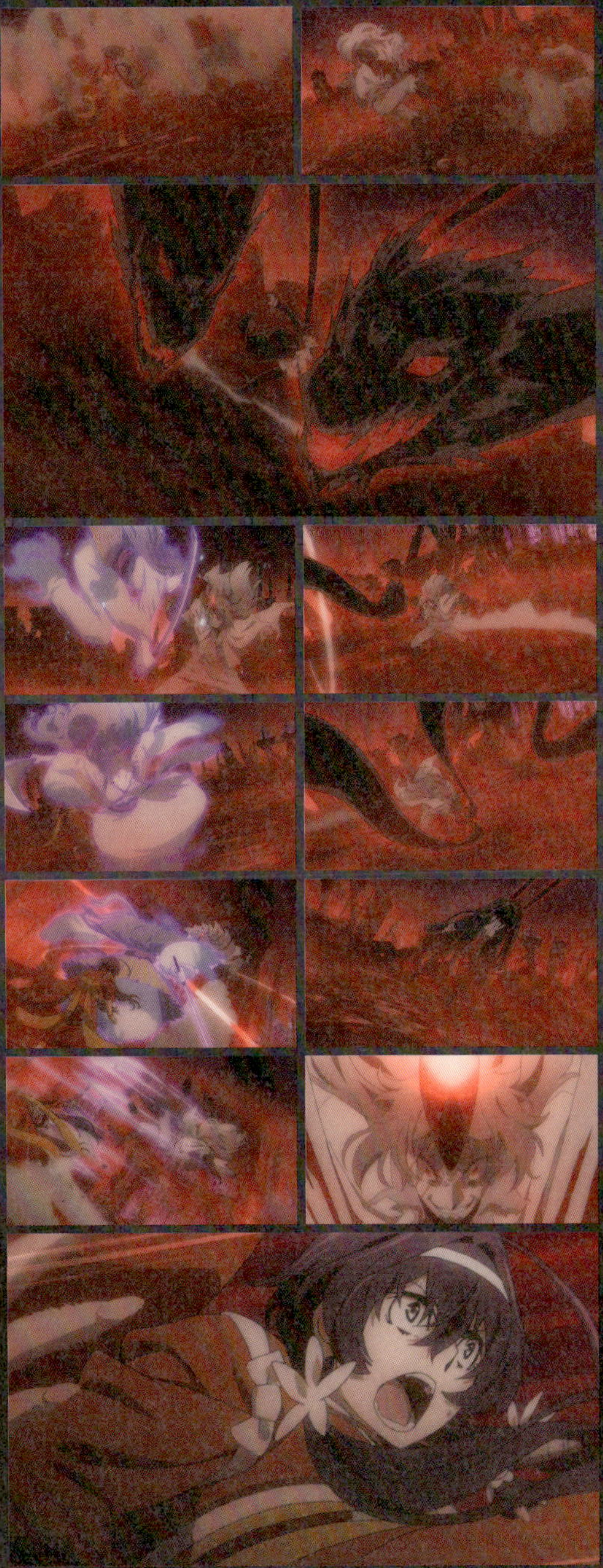

〝虎〟の力を解放した敦と対峙し、澁澤は興奮していた。生前も得ることができなかった生の充足。退屈を埋める存在が目の前にいる。対する敦も芥川も鏡花も、澁澤のパワーに押されていた。異能のエネルギーを集めて形作られた彼は強い。敦たちが個々に攻撃を加えても全てあしらわれてしまっていた

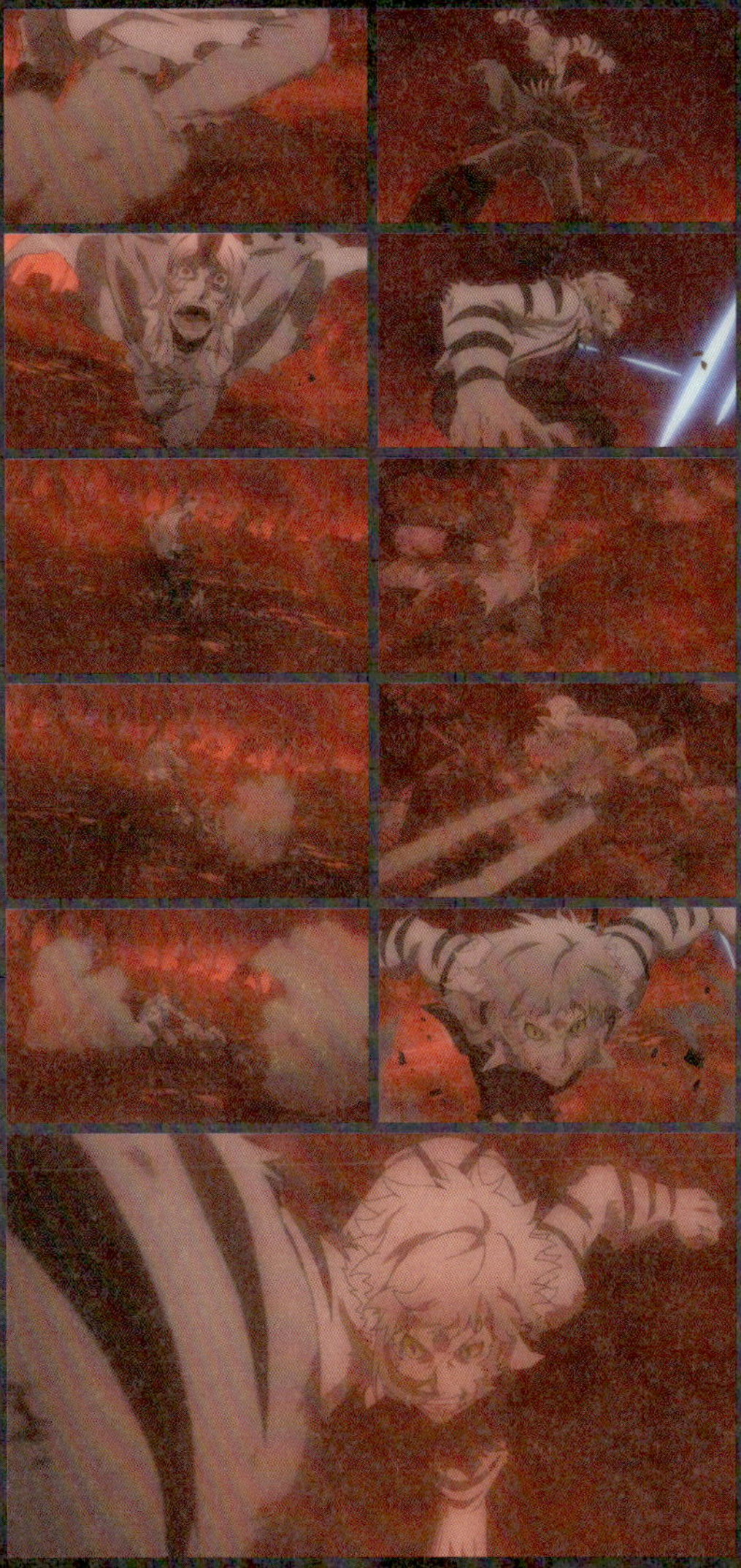

もはや退屈とは無縁だな!!

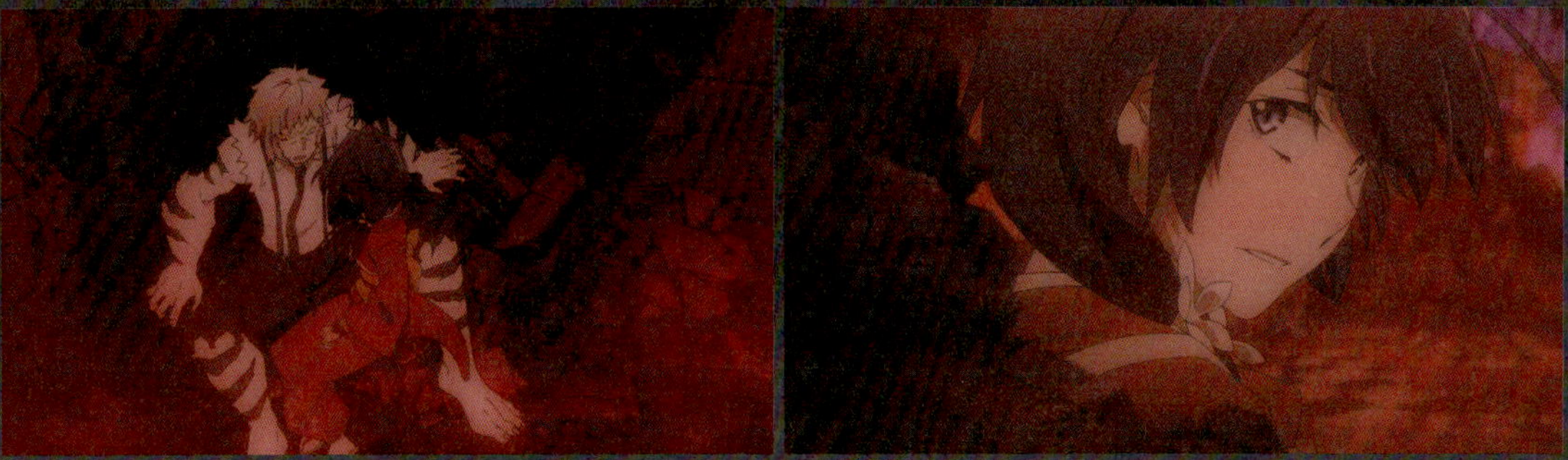

もう一度、夜叉白雪を呼べるね？

澁澤に対抗するためには3人の連携攻撃が必要だ。「君の嫌いたくなかった夜叉白雪は、君の言葉に必ず応える……」敦の言葉に奮い立たされた鏡花は、澁澤の眼前に夜叉白雪を出現させる。その刀で澁澤を貫いて動きを止めると、それを芥川の羅生門が球状になって覆った。敦はその内部で跳ね回り、澁澤へと攻撃を加えていく。3人の連携がついに澁澤を追い詰めた

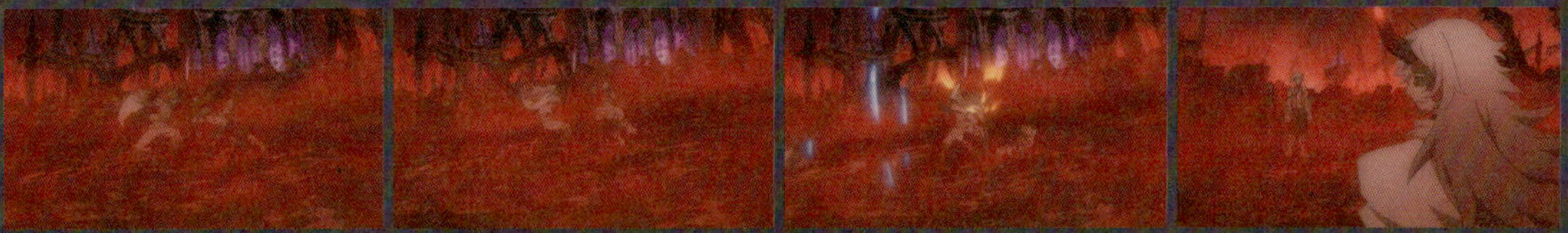

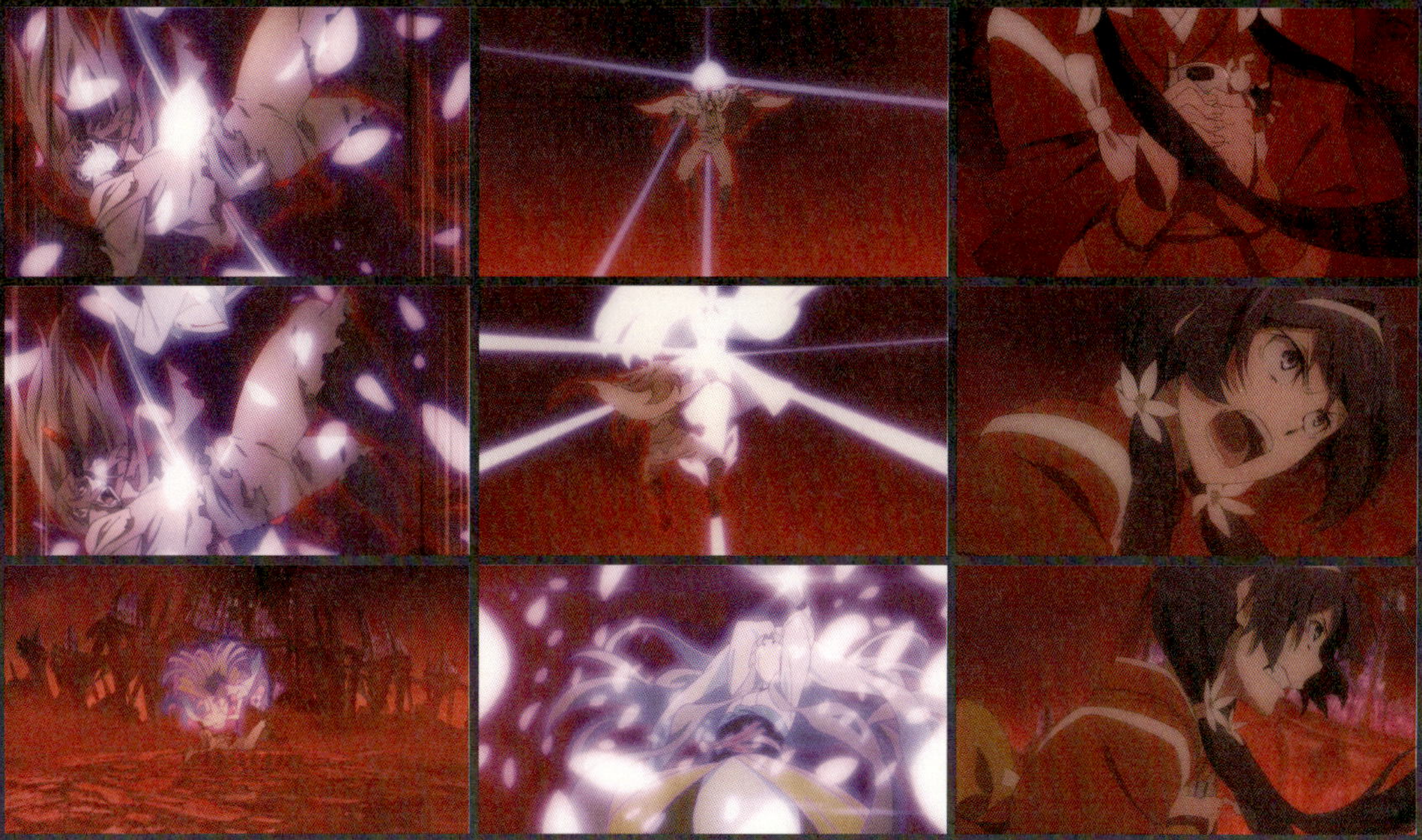

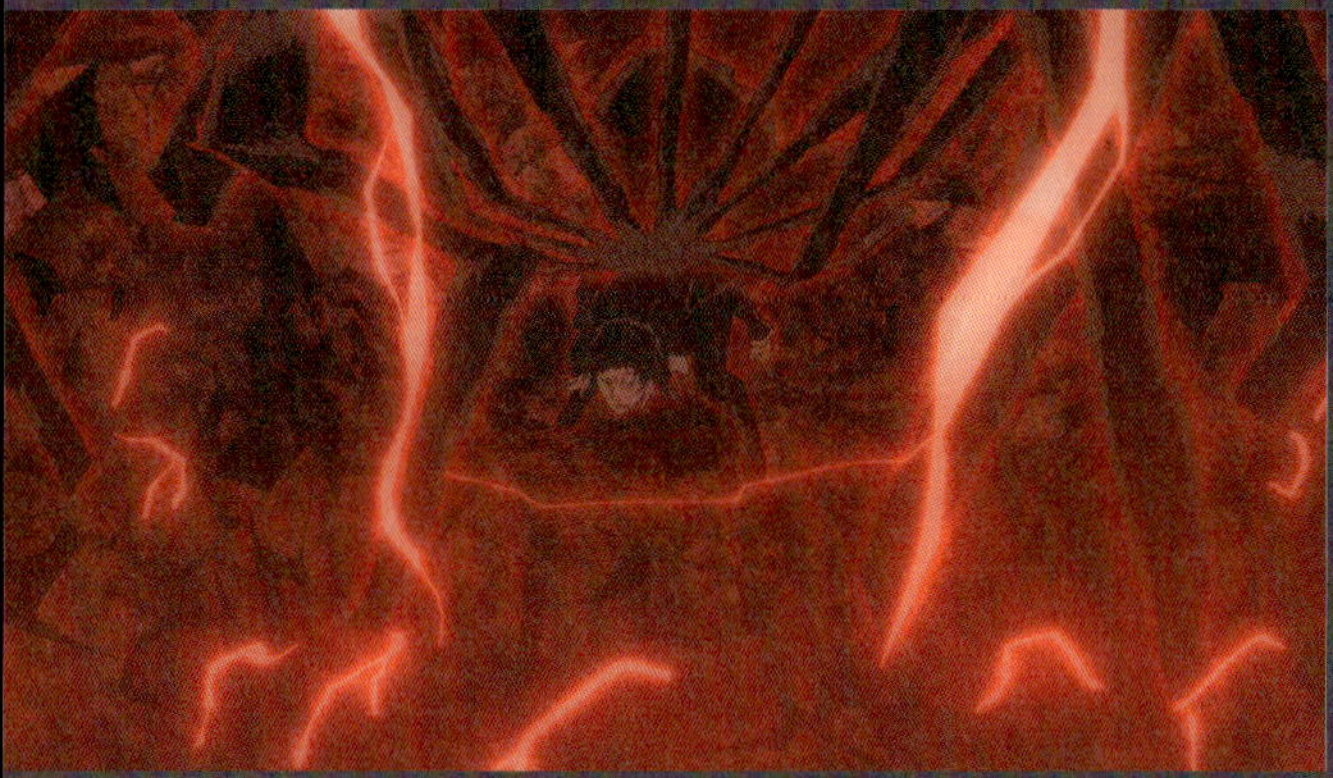

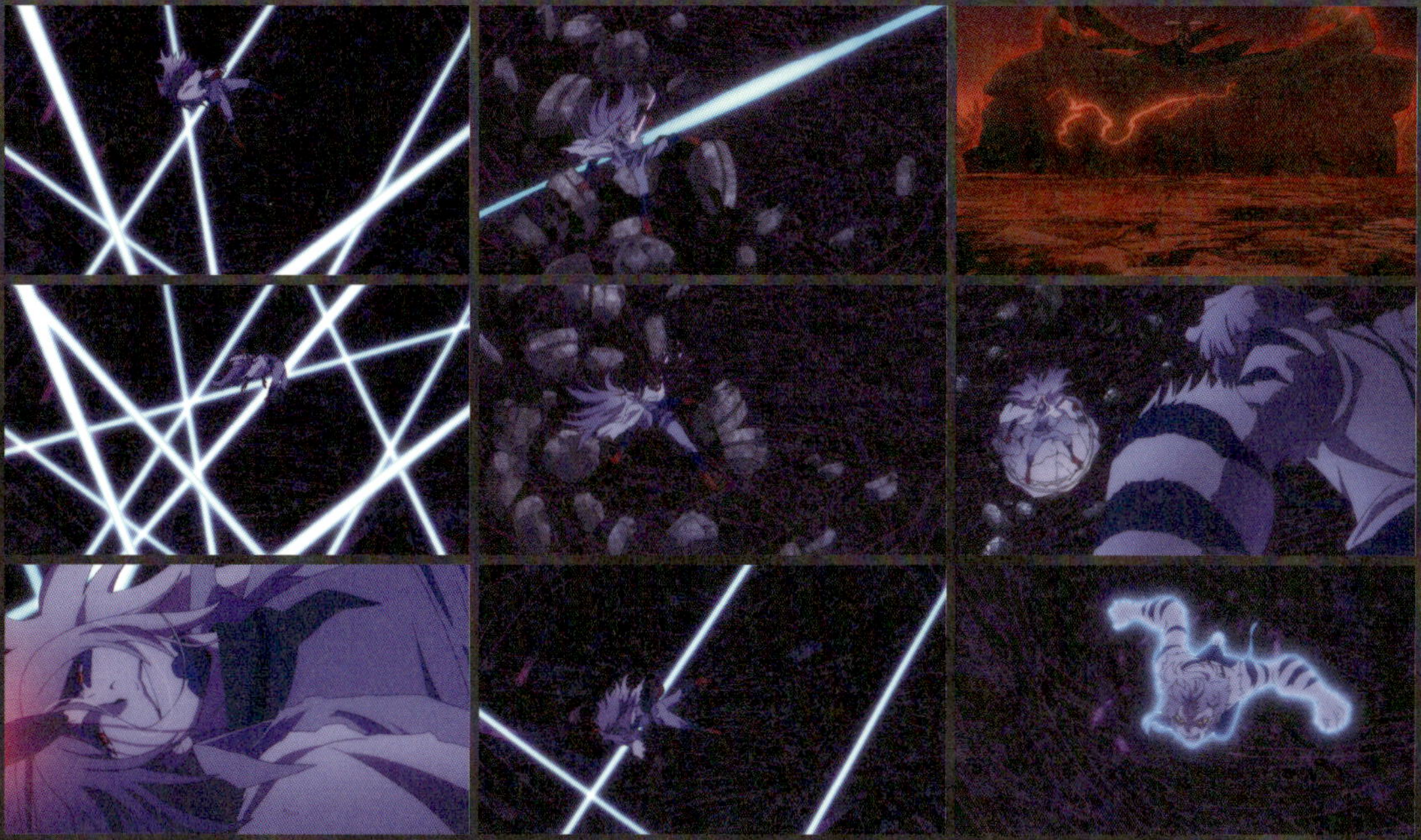

死してなお感じる、この歓喜……
君にも伝わるかい!!

歓喜に震える澁澤は、接近した敦から核となる異能の結晶体を引きずり出した。青く輝くその結晶は、まさしく6年前に見た特別なもの。澁澤が手を伸ばすが、敦もまた手を伸ばす。迷いの中で見いだした〝虎〟への感情。心臓の鼓動のように、敦にとって異能力の〝虎〟は自分自身であると認められるようになっていた

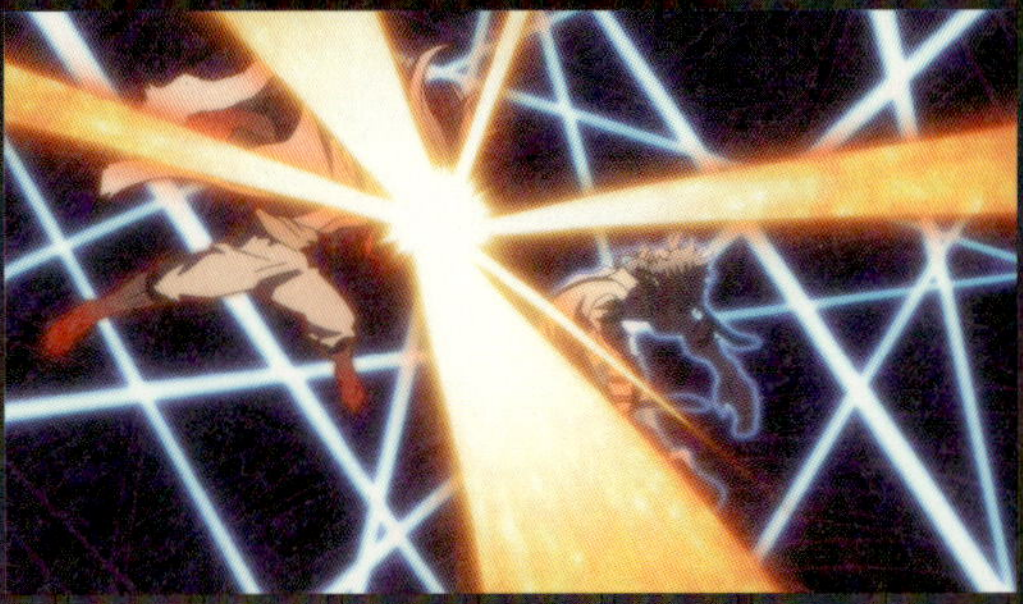

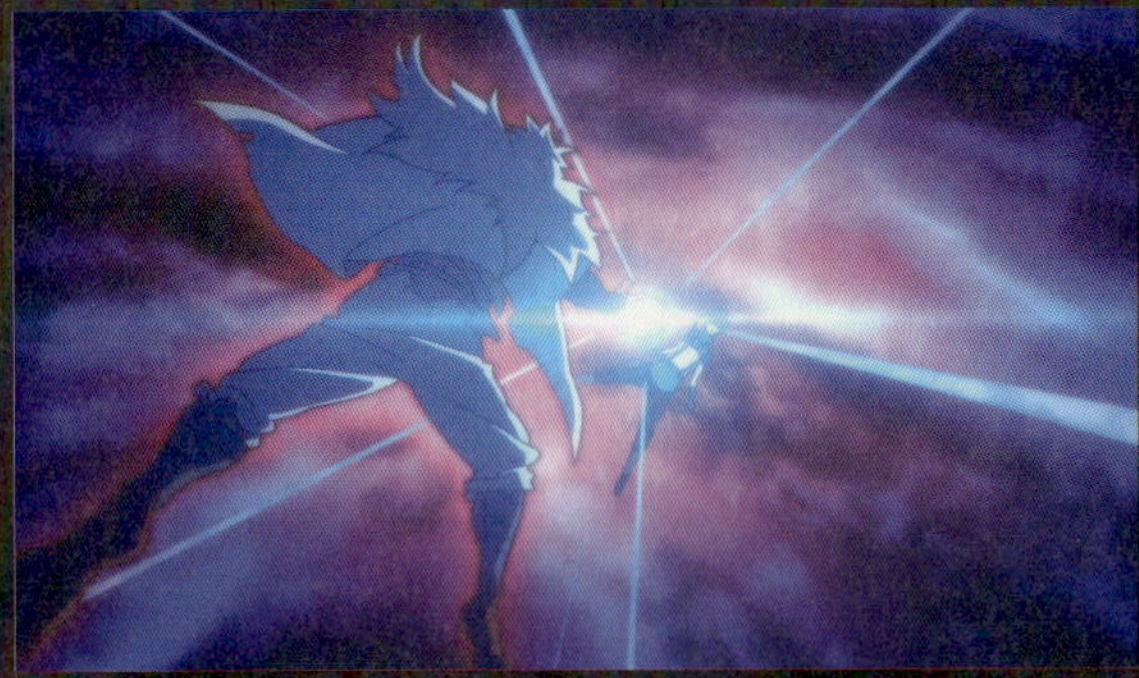

それは
異能力じゃない……
僕自身
だあああアアアッ!!

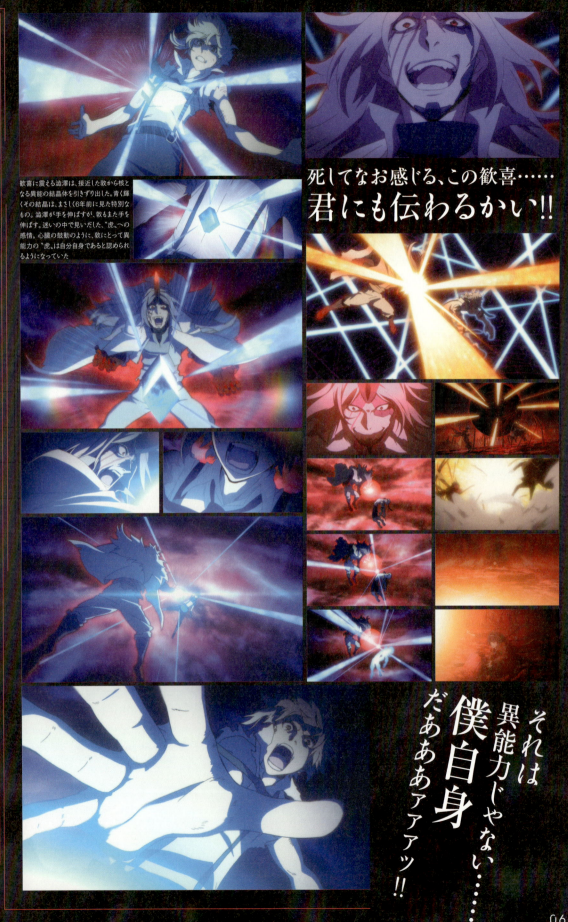

結晶を掴んだのは敦の手だった。戻った〝虎〟の力は澁澤とぶつかり合い、うなりを上げる。澁澤はそこで全てを理解していた。「君が、私を救済する天使か」退屈な人生を漂い、死も忘れていたまま空白を埋めるものを求めて彷徨っていた亡霊。それが澁澤だ。戦いの中で生きていたことへの充足を得て、痛みを得て、最期に退屈を忘れることが出来た。全ては敦の持つ生命の輝きのおかげだった。

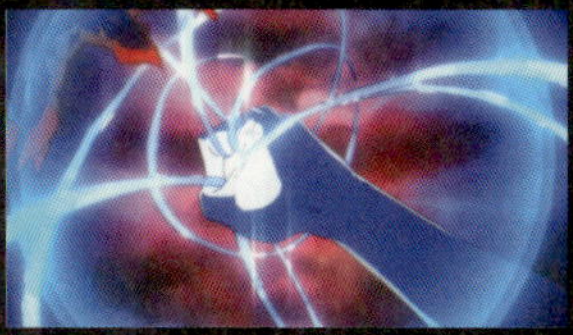
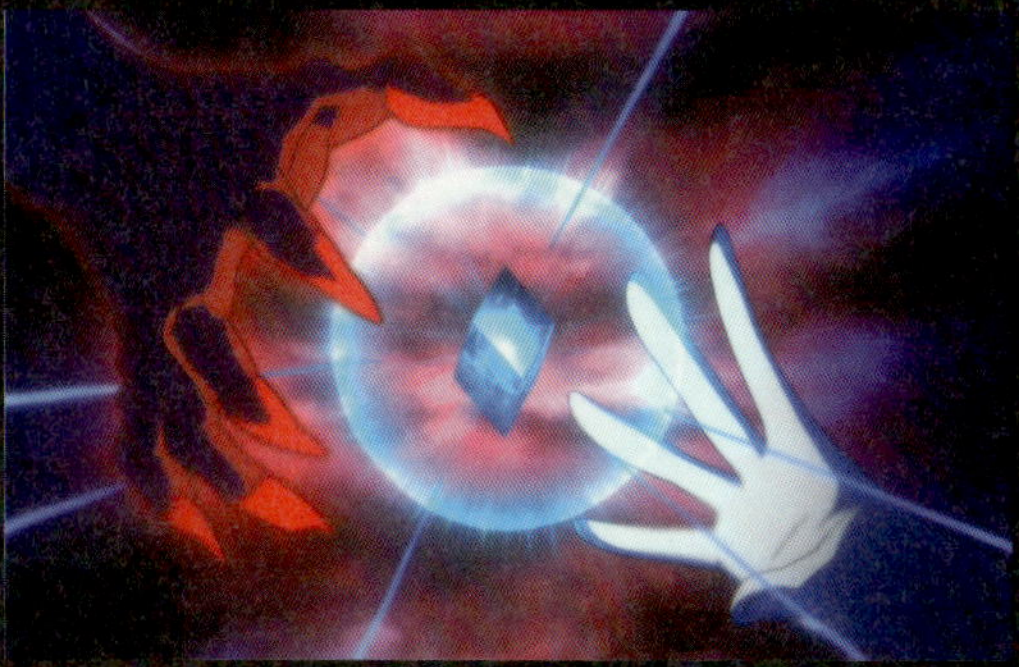

ENDING

夜明け

夜明けと共に戦いに決着が付いた。
澁澤は消滅し、同時に世界へ広まっていた霧も消失した。
ヨコハマはまたボロボロの状態になってしまったが、
消えていた人々も戻り、徐々にだが日常が戻ってくるだろう。
大きな戦いを終えて、それでもヨコハマの日々は巡る。

そうやって鏡花ちゃんや
みんなと生きていく方が
幾分か素敵だと思うから……

朝日が昇り始めた頃、敦は澁澤の髑髏を押しつぶして消滅させ、戦いは終わった。崩れ去った骸砦の前で、敦と鏡花、芥川は互いに顔を見合わせる。異能特務課の通信室では安吾が安堵の溜息をついていた。「残念、国の焼ける匂いは紅茶に合いますのに」アガサはそんな物騒な言葉を云いつつ爆撃を中止。これでヨコハマに再び平和が戻ってきた

世界にたった3人の異星人……
その隔絶と孤独……
僕には
想像もつきませんがね

実は異能力者ではない乱歩は、霧が発生してからは消失していた。金庫にしまっていたお菓子は無事で、自分が戻って来られたことは敦のおかげだということを呟く。彼も事件の顛末をほぼ予測していたのだろう。一方、異能特務課では、事件の後処理に追われていた。世間一般には異能力などないことになっているので、今回の事件のカバーストーリーを仕立てる必要があった。徹夜4日目の辻村には流石に疲れが……

敦もなかなか
やるようになった
じゃないか

太宰君が単独で
動いているなか、君の力が
必要になると思った……
露払いにね

首領《ボス》は今回のカラクリに
気付いてたんですか?

ポートマフィアの首領である鴎外は、今回の事件で太宰が暗躍しており、更には中也の力を借りることになるだろうことは、ある程度予測していたようだ。太宰が考えていることを全ては理解出来るわけではないが、彼がヨコハマを守ろうとしていることは判る。鴎外もヨコハマを乱す存在を排除したいことには変わりない。そんなポートマフィアの信条が窺える。中也も、首領の命令なら仕事だからと嘯いている

フョードルの理想の実現は失敗に終わった。けれど彼はこれも余興だと云い放つ。次に求めるのは「白紙の文学書」だ。この「本」に書いた物事が真実になると云われているが、その詳細は不明である。ヨコハマのどこかに封印されている事と、それを探すには敦が必要だという事だけが判っている

罪と罰にまみれたこの世界を
終わらせるためには、
やはりあの本が必要ですね
この街に眠る「白紙の文学書」が……

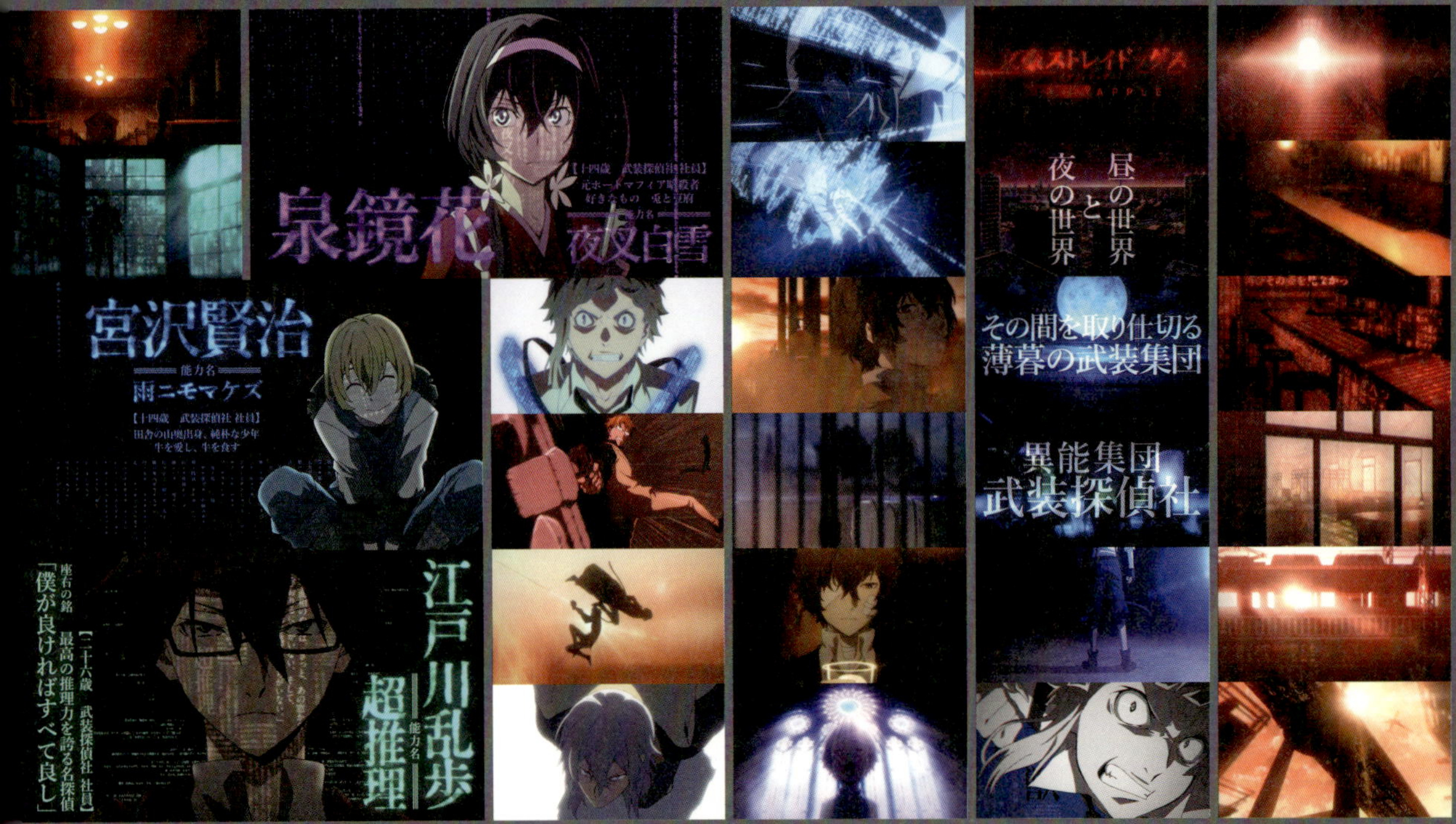
泉鏡花
【十四歳　武装探偵社 社員】
元ポートマフィア暗殺者
能力名
夜叉白雪
宮沢賢治
能力名
雨ニモマケズ
【十四歳　武装探偵社 社員】
田舎の山奥出身、純朴な少年
牛を愛し、牛を食す
江戸川乱歩
能力名
超推理
【二十六歳　武装探偵社 社員】
最高の推理力を誇る名探偵
座右の銘
「僕が良ければすべて良し」
APPLE
昼の世界
と
夜の世界
その間を取り仕切る
薄暮の武装集団
異能集団
武装探偵社

オープニング映像紹介

国木田
独歩
能力名
独歩吟客
【二十二歳　武装探偵社 社員】
適当を許さぬ理想主義者
こまかい
中島敦
能力名
月下獣
【十八歳　武装探偵社 社員】
孤児院を出て困窮していたおり、探偵社に拾われる
本編の主人公
与謝野晶子
【二十五歳　武装探偵社 専属医】
あらゆる外傷を治癒する能力者
趣味は人体の解体
能力名
君死給勿
太宰治
自殺願望を標榜する
包帯無駄遣い装置
能力名
人間失格
谷崎潤一郎
【十八歳　武装探偵社 社員】
能力名
細雪
少し気弱な探偵社員
妹と同棲中（？）

坂口安吾
能力名
堕落論
【二十六歳 内務省異能特務課 参事官補佐】
異能問題に関する国家の安全保障を担う 万年睡眠不足
福沢諭吉
能力名
人上人不造
【四十五歳 武装探偵社 社長】
探偵社を設立した男
かつて銀狼と呼ばれた凄腕の武人
BUNGO STRAY DOGS
ポートマフィア
ポートマフィア
ポートマフィア
汚れつちまつた
悲しみに
中原中也
能力名
汚れつちまつた悲しみに
【二十二歳 ポートマフィア 幹部】
かつて太宰と共に双黒と呼ばれた素敵帽子君
フョードル・D
【年齢不詳】
地下組織「死の家の鼠」頭目
能力名
罪と罰
芥川龍之介
能力名
羅生門
【二十歳 ポートマフィア 上級構成員】
禍狗の異名をもつ凶暴な戦闘系異能者
かつて中島敦と死闘を繰り広げた
森鷗外
能力名
ヰタ・セクスアリス
【四十歳 ポートマフィア 首領】
残虐な異能者たちを束ねる冷酷な頭脳
ロリータコンプレックス

OPENING THEME

GRANRODEO

たち込める死の匂いのなかで、見出す光

——映画「文豪ストレイドッグス DEAD APPLE（デッドアップル）」のOP曲を手がけるにあたり、どんなコンセプトで楽曲づくりがスタートしたのでしょう？

e-ZUKA 作曲するときにはあえて物語のイメージに寄せたりはしなかったのですが、TVシリーズ第1クールのOPに使用していただいた「TRASH CANDY」からの流れで、あっちがシンセサイザーの音を意識的に多用したものだったので、今度は生のギターが映える音づくりになっています。うちのレーベルの制作陣から、初っぱなから高いキーから入っていく、ちょっと変わった感じはどうですか？というアイデアが出て、それはおもしろいということで進んでいきました。最近こそ、けっこうハイトーンも使っていますが、昔だったら最高音に設定していたような音から始まる、みたいな。

KISHOW 歌う身としては、かなりハードでしたよ。でも、大変な曲だけど、できるから、ま、いっかって。できることはやっていこうという精神で（笑）。映画の冒頭にかかる楽曲として考えても、アグレッシブなつかみになるなと思いましたね。

——KISHOWさんは作詞担当ですが、どのように紡いでいきましたか？

KISHOW 僕はアニメには中原中也役として出演もしている身ですから、TVシリーズで重ねてきたものを踏まえて、作品のもっている世界観やテーマを僕なりにすくい上げていきました。極めて真面目に（笑）。ただ、GRANRODEOとしての作品であるということが大前提ですから、e-ZUKAさんの楽曲ありきで、曲からあぶり出されることばや感情をベースにしています。

e-ZUKA すごく“らしい”歌詞だなと思いましたよ。

——ちなみに、今回の映画のストーリーにはどんな感想をもっていますか？

KISHOW 大きな敵が現われて、それを倒すためにいつもは敵対しているヤツらとも共闘する、というような展開はアニメの劇場版の王道で、それってやっぱりワクワクですよね。それだけじゃなくて、それぞれのキャラの新たな面も見えて物語が躍動している。中也的には、双黒と呼ばれる太宰とのコンビネーションも描かれますね。まあ、最後おいしいところは、新双黒と呼ばれる敦と芥川の若手コンビにもってかれる形ですけれど。中也なんてまさにすべてを出し切って、芥川に肩を借りるという有り様ですけれど（笑）。だから、歌詞にもそんなキャラクターたちの死生観のようなものを反映させていきました。僕はなかなか等身大では歌詞を書けなくて、どこか役者として何かを演じるときと同じ感覚、ある種の仮面をかぶった感覚で書いています。でも、と言いつつ、今回の曲のサビの3行はけっこう生々しいかも。どこかでそんなことを思っている僕もいるのかもしれませんね。

e-ZUKA 今回、歌詞の分量としてはいつもの曲よりも少ないんですよね。というのも、映画の尺に合わせて3分30秒の楽曲をというオーダーを予めいただいていたので、だったら普通の構成ではつまらないと考えて。たくさんの表情を見せられるような、情報量に厚みのある楽曲にしました。なかなかサビにいかずに別のメロディが出てきて、ギターのソロが入るというような。尺というお題があったからこそ生まれた曲でした。

——「Deadly Drive」というタイトルの由来は？

KISHOW 完全に「DEAD APPLE」から連想されたものです。楽曲にあるドライブ感とか、どこかチキンレースを思わせるようなスリルとか。死の匂いがたち込めている物語でもありますし、それでも、その中から光みたいなものを拾い上げたいなという思いもある。ちなみに、プロレスの技の名前にも同じものがあります（笑）。

——レコーディングは、いかがでしたか？

e-ZUKA そういえば、きーやんに言ってなかったけど、1箇所だけ、仮歌のフレーズを使ってるところがあります。

KISHOW まじか！ 気づいてなかった。どこだろう？

e-ZUKA 「鏡を～」のところだけなんだけど。どうしても、そこだけ仮歌のときのかすれた感じが好きだったんだよね。息使いとかもすごくよくて。

——劇場で映画のOPとして流れるのが楽しみですね。

e-ZUKA TVシリーズでもかっこいい映像をつけていただいたので、今回もすごく楽しみです。あとは、自分たちのライブでやるのも楽しみな曲になりました。

KISHOW バトルの一番の盛り上がりのところではラックライフさんの曲がかかるし、エンディングの印象深いところでSCREEN modeの「Reason Living」がかかるし、映画を観終わったとき、果たして、皆さんOPのこと覚えてくれているかしら……？とは思うんですけど（笑）。ただ、僕はだいぶ気に入っていますので、公開されたら劇場にこっそり観に行きたいと思います。

「Deadly Drive」

初回限定盤：LACM-34729／本体2200円＋税
通常盤：LACM-14729／本体1200円＋税
アニメ盤：LACM-14730／本体1200円＋税

ENDING THEME

ラックライフ

みんなのパワーがこの曲をつくった

――ラックライフさんにとって「文豪ストレイドッグス」はTVシリーズのころからED曲を担当している縁の深い作品です。その映画のお話を聞いたときのお気持ちは？

PON 「やった！」という気持ちになりましたね。TVシリーズの打ち上げパーティがあったときに、映画のポスターにサインとメッセージを書く機会があって。僕は「エンディングやりたいです」と書いておいたんです。そのあとに五十嵐（卓哉）監督にご挨拶したら「（エンディングは）ラックライフさんにお願いしようと思っています」と言っていただいて。「ホンマ？　みんな今のことば、録音しといて!?」って。すごくうれしかったですね。

――今回のED曲「僕ら」を作るにあたり、アニメスタッフとどんなやり取りをしましたか？

PON まずシナリオを読ませていただいたんです。感想は「敦、迷うねー！　いいねえ！」みたいな（笑）。敦が人間らしい一面を出していて、誰かのために強くなれるところが、自分たちにすごく近いなと感じました。そのあとに五十嵐監督と打ち合わせをしたら、「バラードがいいな」とリクエストをいただいて。ラックライフは昔から「バラードが武器」だと思ってきましたし、ストリングス（弦楽器）を入れたり、Cメロでベースがスラップをしたり、新しいものを盛り込んだ曲になればいいなと思っていました。

――実際に楽曲や歌詞を作ってみていかがでしたか？

PON 作品に楽曲を提供させていただくときは、いつも作品のキャラクターと自分の重なるところを探すんですよ。今回は「敦が自分自身の弱さに対して、仲間といっしょに戦っていくところ」が、自分たちのバンドと重なるところだなと思ったので、そこを歌にしようと思っていました。曲を作るときは、まず最初にメロディを固めておいて、そこから替え歌みたいな感じで歌詞を乗せていくんです。何度も謎のことばで歌っていくうちに、それがハマる歌詞になっていく。今回だとサビの頭の「戦え僕ら」という部分ですね。そうやって今回も歌詞を作っていたら、1番の歌詞をつくったところで「やばい、もう書けない」と行き詰まってしまったんです。どうしようかと思っていたときに、たまたまラックライフが映画のED曲を担当するということが公式に発表されたんです。曲も書き終わっていないのにやばすぎる！と思いながら、ネットを見たら「おめでとう」「ラックライフでよかった！」「楽しみ」とファンだけでなく、「文スト」ファンも喜んでいるのが見えて。自分だけが孤独な戦いをしているのではなくて、メンバーやスタッフさん、そしてたくさんの人たちが応援してくれているんだとわかったんです。そこから2時間くらいエゴサーチを何度もして（笑）。それが全部パワーになって、その日のうちに歌詞を全部書き終えることができました。

――そうやって、みんなの力を得てでき上がった楽曲「僕ら」。レコーディングはいかがでしたか？

PON バラードの素敵なところは、「生々しさ」だと思うんですよね。声の出し方、ブレスの入れ方でなるべく表情が見えるような歌い方になるように意識しました。ライブハウスで演奏しているときに見える、お客さんの顔を思い浮かべながら歌っていましたね。ライブハウスでは、こちらからもお客さんの顔がしっかりと見えているので、来るときは注意してくださいね（笑）。

――「文豪ストレイドッグス」のスタッフもラックライフさんのライブにお邪魔していると聞きました。もしかしたらPONさんが思い浮かべている顔のひとつに、スタッフの表情も入っているかもしれませんね。

PON ははは（笑）。「僕ら」が流れるEDの映像がどんな感じになるのか楽しみです。今回、僕はシナリオから内容を想像して、そのあとに完成した映像を見るという、ものすごくぜいたくな関わり方ができたなと思っていて。敦が本編でどんな表情をしているのかワクワクしますね。

――ラックライフは今年で活動10周年。記念すべき年に本作へ楽曲提供されたことになりますね。

PON 劇場版のED曲を担当するという夢がかなう、一生忘れない年になっています。10周年とは言いますが、ラックライフは死ぬまで続けたいバンドなので、これからも気張りすぎることなく、楽しいことをたくさん作っていきたいですね。

「僕ら」
CD+DVD：LACM-14734／本体2100円＋税

※ニュータイプ2018年4月号掲載のインタビューを再編集しました

骸砦

美術設定

澁澤の拠点

ART BORAD SHIBUSAWA's BASE

ヨコハマに戻ってきた澁澤龍彦が拠点に選んだのがヨコハマ租界の中心にある骸砦。現代的な建物とは異なるゴシック建築に似た様式が特徴的な建築物で、砦というよりもむしろ城を連想させる。この高層建築物が一体何の目的で建てられたのか、そしてなぜ廃棄されてしまったのかは、作中では語られていない。既に廃棄されているため、ところどころが損壊していたが、龍と化した澁澤と汚濁を発動した中也の衝突によって完全に崩壊した

ドラコニア

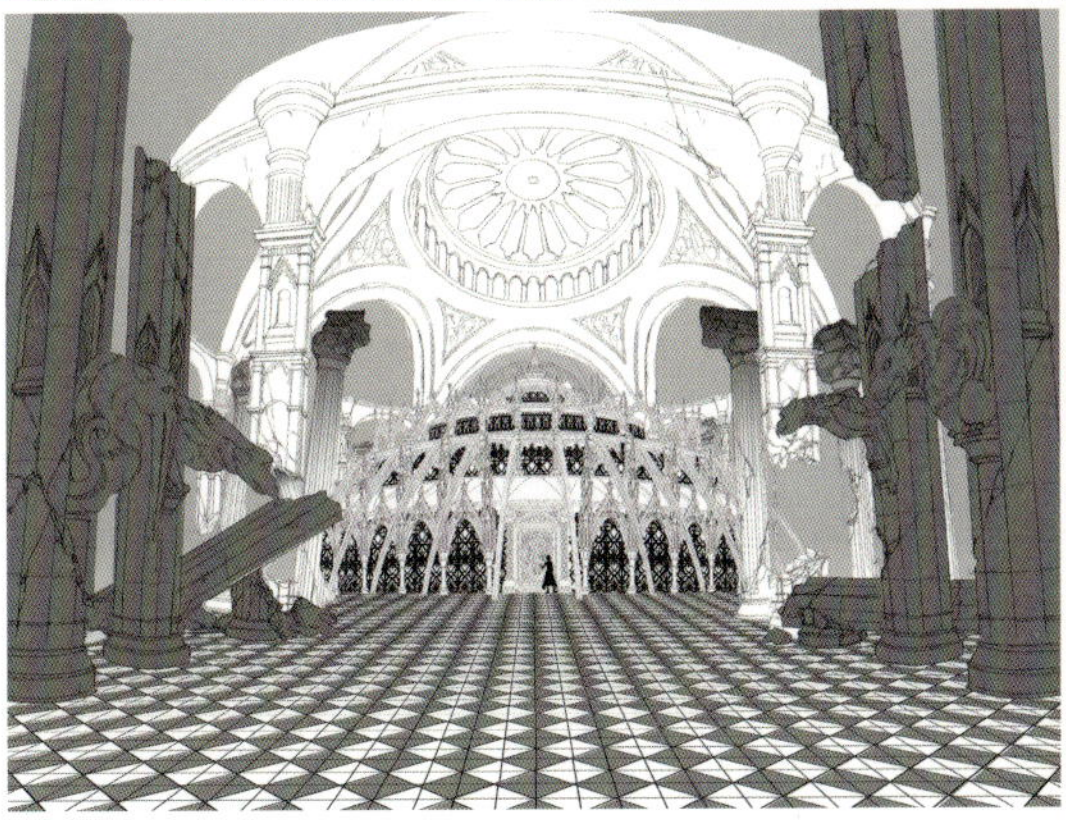

骸砦の内部に位置する宮殿のような部屋。これこそが澁澤龍彦の真の拠点ともいうべき場所・ドラコニアだ。壁面の棚にズラリと配置された赤い結晶は、澁澤が異能力者が持つ異能を結晶化したものであり、ある種のコレクションルームでもある。太宰はフョードルと手を組んでこの中に侵入し、ヨコハマに異変を生み出す結晶を回収しようとするが、フョードルの裏切りにあう。アバンでも6年前のドラコニアが映っているが、異能のコレクションが増えたのか現在のドラコニアは当時よりも巨大化していることが判る。また劇中で描かれるドラコニアの内部はすべて3DCGを使って作成されている

クリスタル（結晶体）

1 ワイヤーフレーム

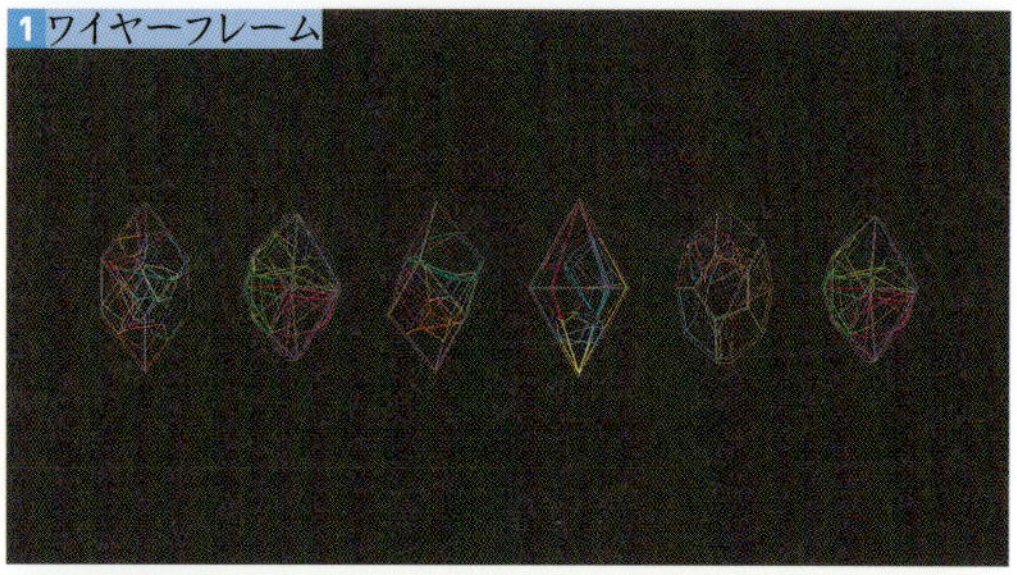

2 3D完成図

クリスタルの描写に欠かせないのが、光の乱反射。クリスタルの中にさらに小さなクリスタルをいれて反射させている。なお、敦の結晶体は青、太宰は無色、他形状パターンは赤で設定。「最初のうちは寄ったとしても画面に対してフルショットで映ることはないかという想定で、軽さを重視した描写をしていたのですが、クリスタル単体でキャラクターの身体の中から出てきたりすることが判明して、しっかり描かなくてはということでトライ＆エラーを繰り返しました。ダイアモンドや水晶の屈折率や、宝石がキラキラして見える要因のひとつにカット数もあるので、その方向からも検討していきました」（安東）

3 実際のシーン

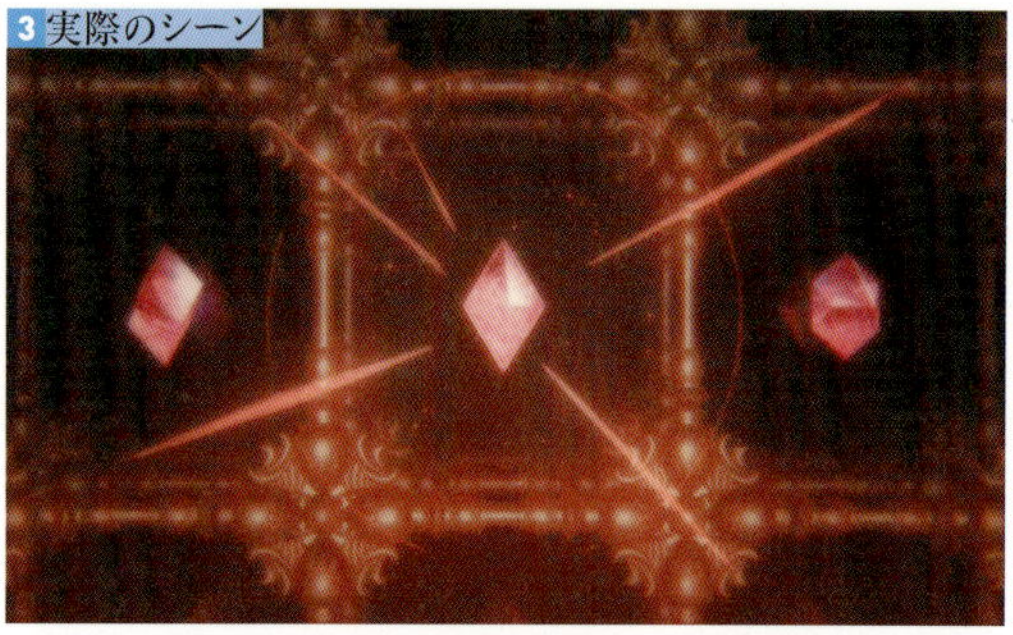

ドラコニアには全部で8400個のクリスタルが並ぶ。棚に並んでいる個体、その中でもアップになる個体、そして、キャラクターの異能力の具現化としてフィーチャーされる個体など、場面に適したモデルがつくられた。

ドラコニア

1 美術ボード

美術監督の近藤由美子による美術ボード。ほの暗いドーム状の空間の中に浮かぶ、暖かみのある光を帯びた支柱が幻想的。壁には無数のクリスタルが輝き、そのすべてが床に映り込んでいる。「当初普通の背景でもいけるんじゃないかという話もあったのですが、クリスタルがずっと回っているようにしたいのと、円形の建物なので作画的にパースをとるのが難しいのとで3DCGで組み立てることに」（安東）

3 シェーディング

2 ワイヤーフレーム

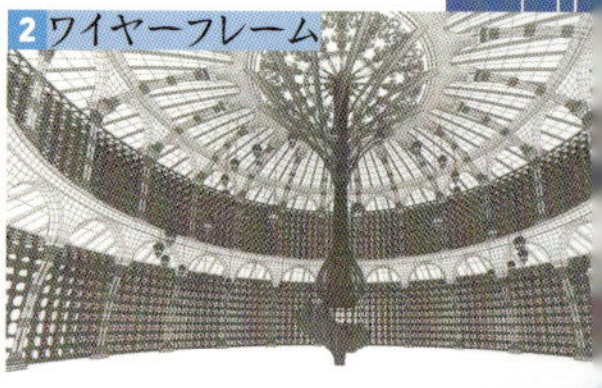

3DCGの骨組みとなるワイヤーフレーム。空間として構築することで、部屋の中でカメラをダイナミックに旋回させることが出来る。「かなり細かく組んでいるので、ワイヤーフレームのみで見ると格子や支柱の部分は線の多さで真っ黒に見えます」（安東）

4 3D完成図

「デザイン自体も骨や内臓を連想させるものになっているのですが、五十嵐監督のこだわりを反映して、さらに血管のイメージをより強く出しました。イメージボードではもう少し黄味寄りでしたが、ふちに赤いラインを少し入れたりしています」（安東）

CGIアニメーションディレクター

安東容太

背景に埋もれず、けれど浮かないように

——まず、はじめに「CGディレクター」の役割を教えてください。

安東　大きく2種類にわけられ、CGチームを率いて監督のイメージを具現化していくタイプと、逆に、こちらからイメージを提示して監督とつくりあげていくタイプがあると思うんですね。監督や作品のテイスト、方向性によって違ってくるんですけど、今作においては前者のやり方で参加しています。五十嵐（卓哉）監督の意向を汲み取って噛み砕いてCGスタッフに伝えて、上がってきたものへのクオリティ管理をするのが自分の仕事ですね。もちろん普通に作業者としてカットをつくる作業もやったりします。

——安東さんはこれまでも五十嵐監督作品へ参加されていますが、「文豪ストレイドッグス」TVシリーズでは、どのあたりを担当されたのでしょう？

安東　最終話の白鯨号《モビー・ディック》から雲がはけていくカットです。1カットだけだったのですが、それだけでも五十嵐監督に「もっとこうして」とオーダーをたくさんいただいたので、作品への並々ならぬ思いを感じました。TVシリーズの時点から、美術も作画も写実的なところがあって、とにかく綺麗だと思いましたね。

——今作、一番の挑戦となったのは？

安東　美術監督の近藤（由美子）さんが取り仕切られている背景のクオリティがほんとにすごかったので、それに埋もれないように、けれど浮かないように、というのが挑戦でした。美術のパースに合わないようなことがあると、違和感が生じて観ている方を物語から引き戻してしまうことがあるので、それだけは避けるべく丁寧にやっています。3Dのチェック自体も1コマ単位で送りな

車

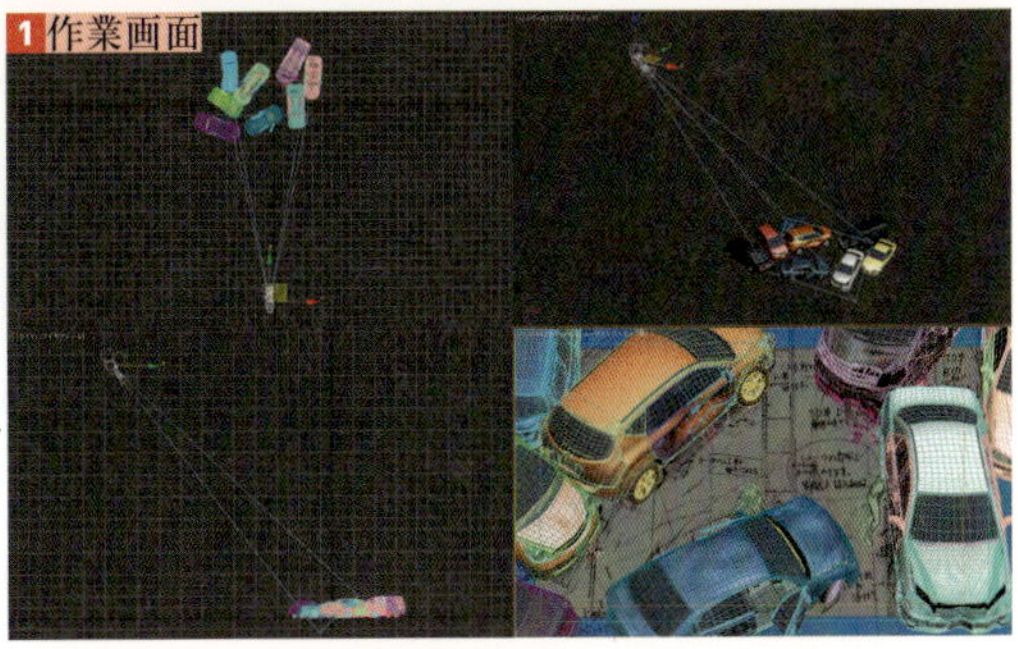

1 作業画面

2 3Dで組まれた壊れた車

3 実際のシーン

通常の車は3D、壊れた車は作画で描写、というのがよくある作業分担だが、今作では安東の采配で壊れた車も3Dで制作された。「コンテを読んだ段階で壊れた車を大量に描く必要がありそうだったので、作画作業を軽くするためにも頑張りました。実は壊れた車のモデリングは五十嵐監督には内緒で作ったんです。もともとの予定では普通の車を3Dで置いたあとに壊れている部分だけ作画で書き足すというプランだったのですが、こちらサイドで壊れた車を作って配置してレンダリングして。それを演出さんにチェックしていただいたら、これで全然いけるということだったので採用していただきました。その分、作画さんにはキャラクターに注力してもらえたらいいな、と」(安東)

霧

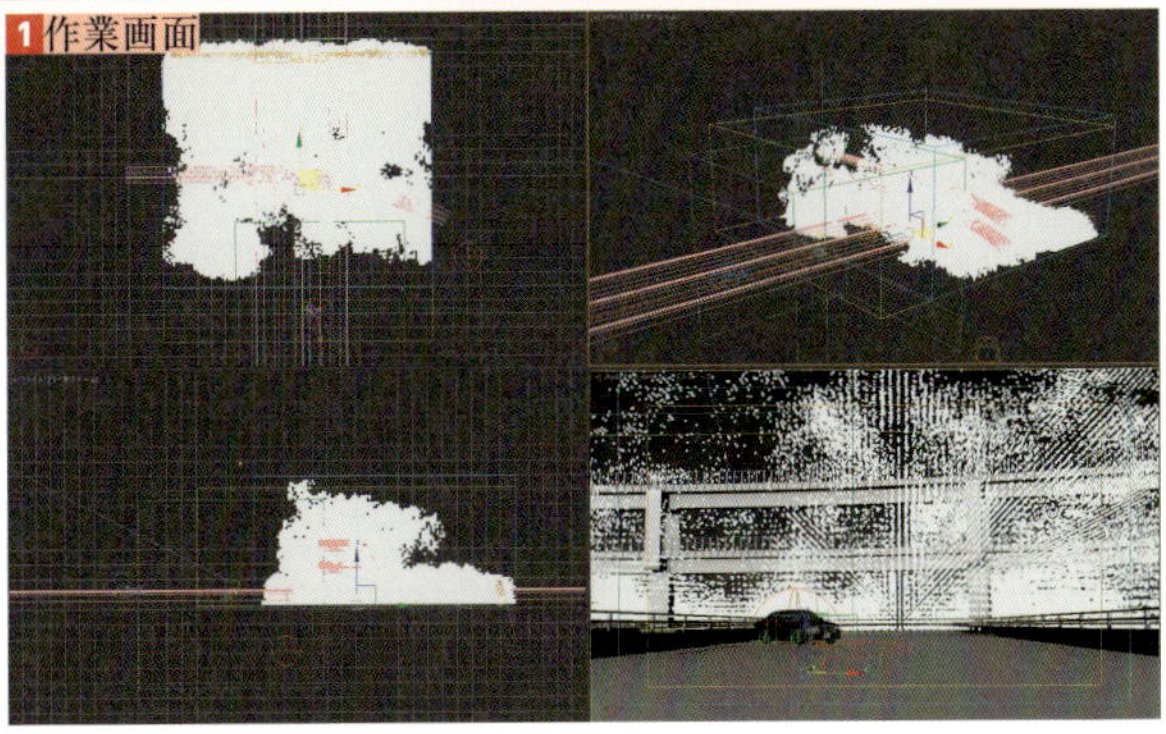

1 作業画面

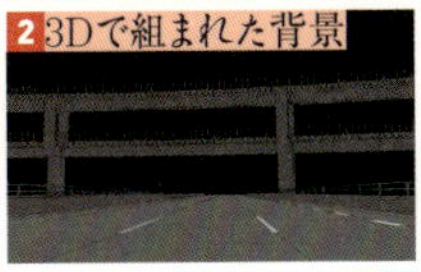

2 3Dで組まれた背景

3 3Dで組まれた車

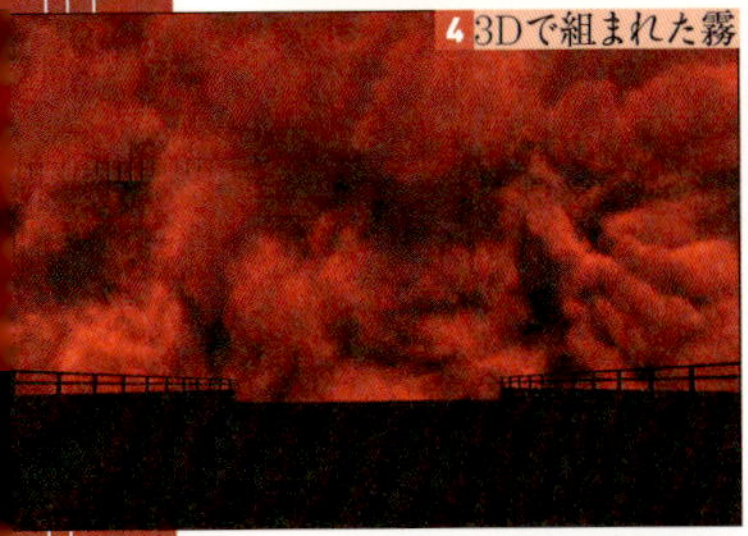

4 3Dで組まれた霧

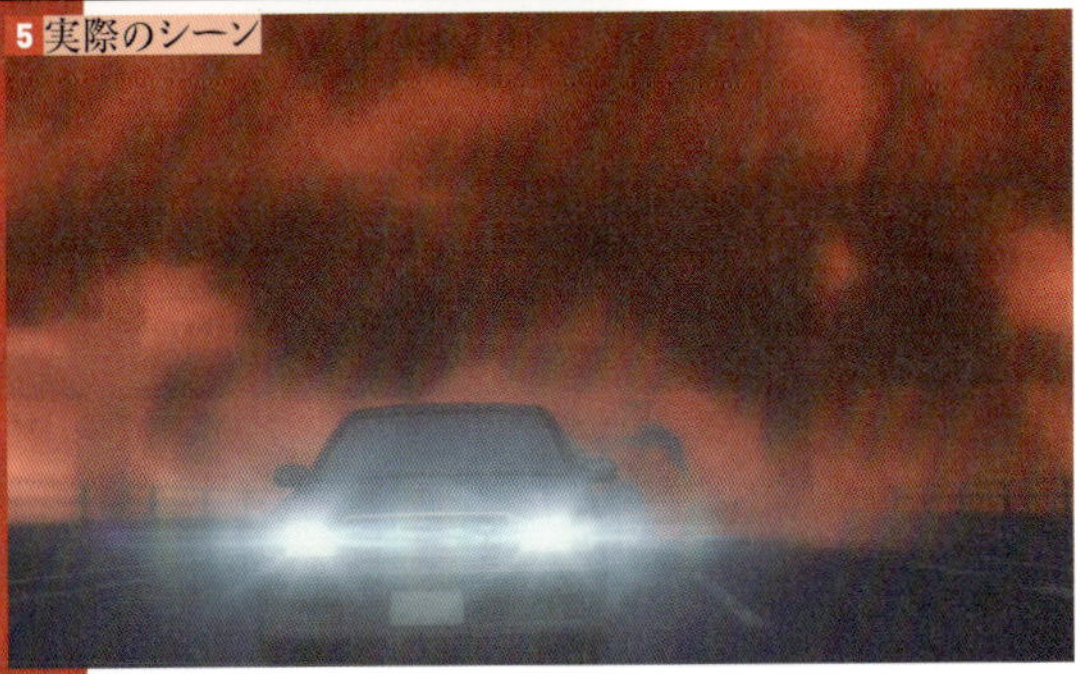

5 実際のシーン

霧はヨコハマを異界にするために今作では必要不可欠のモチーフだった。3DCGに求められたのは、霧を有機的に動かすこと。どこか人の顔とか髑髏のようにも見える雰囲気にしたいという監督のオーダーがあった。奥から手前に霧が橋を飲み込んでいく描写を立体的に描くために、霧だけでなくBGも3Dで組まれた。「美術に関しては1枚絵として描いていただいたものを、3Dモデルにカメラマッピングで貼り付けています」(安東)

アバンの街道

1 実際のシーン

「カメラが奥に向かって進むようなシーンは、かつてのアニメの表現だと平面で描いたBGに対してカメラを移動させる手法をとっていたのですが、ここも3Dを組んでいます。通り過ぎる車も3Dで配置しました。実際に横浜にある街並みをモチーフにしているので、空気感も出せているのではないでしょうか」(安東)

がら、ここのハイライトを直してとか細かくやらせてもらって。実はこの依頼を受ける前から自主練的に、もし自分が「文スト」の美術に3Dを乗せるならこうするかな?とかテストしてたんです。誰に見せるわけでもなかったのですが、いろいろと結果的に役立ちました。

――CGチームは何人体制だったのでしょう?

安東　自分を入れて6人ですね。霧など今作で新しく開発をはじめた表現がたくさんある上に、トライ&エラーを重ねる時間はあまりない中で、みんな、すごく頑張ってくれて。1カットで2、3ケ月かけちゃったカットもあります。五十嵐監督には1、2回しか見せてないですけど、内部では霧のシミュレーションを50~60テイクは重ねてブラッシュアップしていきました。秒数でいったら数秒のカットでも、作り手の熱量がつまっていると思うので、ちょっとでも「おっ」て思ってもらえたら嬉しいですね。

――五十嵐監督との仕事で刺激を受けたことは?

安東　まず、監督の口癖は「とりあえず俺が思ってること、言うだけ言っていい?」なんですが(笑)、具体的なプランを指定するというより、思いの丈を全部伝えてくださった上で、どうするかはお任せします、というスタンスなんですね。なので、こちらとしてはベストと思われるものを100%の力でつくって「これでどうだ!」と差し出すんですけど、「いいと思うよ。でも、まだ何かもっと」って返ってくる。それで「もう引き出しが空です……」って唸りながら無理矢理絞り出すことになるんですが……。でも、最終的に上がった映像を見ると、「あれ?なんかすごくない?」というものに仕上がっているんですよね。自分たちだけでは絶対無理な領域まで、五十嵐監督が押し上げてくれたんだなあと感じています。なんか、戦うことで強くなれる少年漫画のラスボスみたいですよね(笑)。自分も含めてみんな、五十嵐監督の熱量や作品への愛に刺激を受けて突き動かされていました。単純に仕事としてやるだけだったら、できる範囲でやればいいと思うんですけど、そうではなく、みんなが自発的にもっとよくしたい、ああしたいこうしたいという思いを乗っけていったフィルムになったと思います。

中島 敦 NAKAJIMA ATSUSHI

芥川龍之介 AKUTAGAWA RYUNOSUKE

泉 鏡花 IZUMI KYOKA

国木田独歩 KUNIKIDA DOPPO

江戸川乱歩 EDOGAWA RAMPO

谷崎潤一郎 TANIZAKI JUNICHIRO

宮沢賢治 MIYAZAWA KENJI

与謝野晶子 YOSANO AKIKO

谷崎ナオミ TANIZAKI NAOMI

春野綺羅子 HARUNO KIRAKO

福沢諭吉 FUKUZAWA YUKICHI

森鴎外 MORI OUGAI

DEAD APPLE事件 関係者調査File

澁澤龍彦 SHIBUSAWA TATSUHIKO

太宰 治 DAZAI OSAMU

フョードル・D Fyodor D

中原中也 NAKAHARA CHUYA

坂口安吾 SAKAGUCHI ANGO

NAKAJIMA ATSUSHI

中島敦

CV
上村祐翔

まよい、あがき、さけぶ 虎の異能を宿した少年

太宰との出会いによって異能力者集団「武装探偵社」に加わった敦だが、当初、自らの異能力「月下獣」の自覚がなく、徐々に自分の中に存在する虎との共存の道を探っていた。ただ、完全に受け入れたわけではなく、孤児院での辛い記憶がフラッシュバックし、しばしば悩まされていた。

探偵社で、「異能力者連続自殺事件」に関係していると思われるのが澁澤龍彦であると聞き、何故か〝大きく重厚な扉の前に佇む自分の姿〟のイメージが脳裏に浮かぶ。その理由が解明されないまま、鏡花と共に謎の霧に遭遇し、自らの異能力と対峙することとなる。

Profile

年齢 ■ 18歳　身長 ■ 170cm　体重 ■ 55kg
最近楽しかったこと ■ 鏡花ちゃんと交代で料理すること
最近気がかりなこと ■ 後輩の鏡花ちゃんのほうが成績がいい
今、澁澤龍彦に対して思うこと ■ まだうまく整理がつかない

IZUMI KYOKA

泉鏡花

CV
諸星すみれ

任務遂行への強い意志 夜叉を携える可憐な少女

小柄で和服姿、大きな瞳が印象的な黒髪の物静かな美少女だが、実は元ポートマフィアの構成員で、幼い頃から暗殺者として尾崎紅葉や芥川龍之介によって教育されてきた。だが、境遇が似通った敦との出会いによって陽のあたる世界での生活を初めて味わい、「もう誰1人も殺したくない」と願い、武装探偵社に加わった。孤児となったきっかけは、殺戮の権化とも評される異能力「夜叉白雪」により両親が殺されたこと。そのため、夜叉白雪を味方だと思ったことはなく、異能分離体になった際も敵対するなら倒すだけと敦に宣言するのだが——。

Profile

年齢 ■ 14歳　身長 ■ 148cm　体重 ■ 40kg
最近楽しかったこと ■ 敦と交代で料理すること
最近気がかりなこと ■ ちゃんと探偵社に馴染めてるか心配
今、母親に対して思うこと ■ 寂しい

敦と鏡花

年上の敦は、鏡花を妹のように扱うが、仕事に関しては、鏡花のほうがスキルも高く、任務に対する覚悟もある。依存度が高い敦は、鏡花に「自分の異能力になんて勝てるわけが……」と弱音を吐くが、鏡花は「あなたもすべきことをして」と突き放す。巨大な過去の闇に怯えている敦の背中を押して立ち向かわせる——。

ヨコハマの街を守るため 三者三様の想いが交差する

分離した異能力である羅生門と白虎が、あたかも代理戦争のように戦い始める最中、芥川の手引きで、マフィアの上層部だけが使える秘密通路に逃げ込んだ敦と鏡花。そこで、鏡花は芥川の目的が武装探偵社と同じ、澁澤の排除だと知る。敦は、芥川の太宰を殺す決意を知り、共通する目的があるとはいえ行動を共にすることは無理だと思い、鏡花も自分に同

AKUTAGAWA RYUNOSUKE

芥川龍之介

CV
小野賢章

自らの力を認められたくて強くなるため戦う漆黒の男

どうした、僕《やつがれ》との因縁を断ち切りたかったのではないのか？・

——芥川龍之介

黒い外套を纏い、冷酷な表情で殺戮に特化した異能力「羅生門」を操る芥川は、ポートマフィアの中でも、凶悪な人物が多い中でも、特に無慈悲な殺人を行うと恐れられている。深い霧が広がると共に、突然姿を消した太宰が澁澤の側に与したという事実を冷静に受けとめる。その上で「太宰さんは僕《やつがれ》が殺す」と、ヨコハマを守るため、自らの師であり憧れの存在でもある太宰の殺害を、敦と鏡花の前で宣言する。だがその言葉とは裏腹に、芥川はヨコハマと、そして太宰を助けるために一度は離れた異能力を自らの力だけで撃退して取り戻し、骸砦に向かうのだった。

芥川と鏡花

かつて携帯を通じた指示によって夜叉白雪を使い、35人もの人間を鏡花に殺害させた。芥川は「今なら、お前の暗殺術で僕を殺せるぞ」と、鏡花を静かに煽る。だが、武装探偵社の一員になった鏡花は昔のように動揺しなかった。そんな彼女に、芥川は異能力を戻す方法を教える。それは、昔の仲間に対する、芥川の屈折した優しさだったのかもしれない。

鏡花ちゃんはもうお前のことなんか何とも思ってない!!

——中島敦

Profile

年齢■20歳　身長■172cm　体重■50kg
最近楽しかったこと■楽しさなど不要
最近気がかりなこと■太宰さんが自分をどのくらい強くなったと思っているのか
自分の異能力と相対して感じたこと■これぞ最高の対戦相手

調すると考えた。しかし、状況を鑑みた鏡花は芥川と同行するという合理的な決断を下す。それは、敦には到底納得できないものだった。

鏡花の真意が分からず悶々とする敦に、追い討ちをかけるように芥川は、鏡花の大切にしている携帯が母親の形見だと話す。その事実を伝えてもらっていなかった敦はショックを受ける一方、あくまでも表情には出ないが、芥川は鏡花についての情報を得ていない敦にあきれていたようだ。一方の鏡花は自らの両親を殺した夜叉白雪と対峙し、過去を垣間見る。憎んでいた異能力「夜叉白雪」は、鏡花と母を繋ぐものなのだから。

中島敦と泉鏡花と芥川龍之介

鏡花は仕事の趣旨を理解しているぞ
——芥川龍之介

一緒に行く
——泉鏡花

お前とは一緒に行けない！
——中島敦

感情ではなく合理的判断

霧と異能分離体から逃れるため、ポートマフィアの秘密通路へ降りていく3人。芥川は澁澤を討つと云い、鏡花もまた事件解決には澁澤を倒すしかないと理解していた。更に敵に回った太宰を殺すとも芥川は云う。敦は逆上するが、鏡花は芥川に付いていくと決めた。

鏡花が共に歩んだ光と闇が見せた世界

現在は武装探偵社社員となり敦と共に暮らしている鏡花だが、ポートマフィア時代は芥川に軟禁され、任務の際は手駒として使われていた。

両親が亡くなり孤児となった鏡花を引き取ったのはポートマフィアだった。彼らの目的は、鏡花が母親から引き継いだ異能力「夜叉白雪」を利用する事。鏡花自身は異能力を自由に操る事ができず、母親の形見である携帯電話からの指示によって操られる状態となっていた。その指示を出していたのが、芥川だった。

闇に咲く花として、裏社会で殺しを行っていた鏡花だが、本当は殺人なんてしたくなかった。けれどそれしか生き方を知らずに生きてきた。そんな鏡花を救い出し、明るい世界を見せてくれたのが敦だった。

敦に救い出された鏡花は、表の社会のおいしいものや楽しいこと、普通の生活を知っていく。組合《ギルド》との戦いを通して正式に社員となった鏡花は、福沢の異能力の影響下となり、夜叉白雪のコントロールもできるようになったのだった。

鏡花、母親の形見の携帯はまだ大事にしているようだな
——芥川龍之介

鏡花の母との繋がり

鏡花が首から提げている折りたたみ式の携帯電話は母親の形見だ。かつてこの携帯を通じて、夜叉白雪は芥川に操られていた。その携帯を今でも鏡花は肌身離さず持っている。これが母親の形見だと、敦は知らなかった。鏡花としては聞かれなかったから云わなかっただけだろうが、敦としては鏡花の大事な物について教えてもらえていなかった、という事がショックだっただろう。

僕の知らない君と君の知らない僕

IZUMI KYOKA

知られたくなかったの。
携帯で動く夜叉白雪を
本当は嫌いたくなかった事を
——泉鏡花

両親の仇だが……

鏡花の異能力「夜叉白雪」は殺戮の権化。記憶にあるのは自分の父親と母親を刀で斬り裂く姿。「異能力の暴走」で両親を殺してしまった……そういう事になっている。かつては携帯を通じてしか操ることができなかったが、探偵社社員となった今は不完全ながら操作する事ができる。親を殺した異能力でも、鏡花は誰かを助けるために使いたかった。本当は夜叉白雪を嫌いたくなかったのだ。

かつて鏡花を操っていた芥川と、鏡花に明るい世界を見せた敦。霧の中で、2人と鏡花との関係性を垣間見ることができる。鏡花は探偵社に来てまだ日が浅い。敦との関係も、やっと形作られてきたところだ。一方で芥川とはポートマフィアとして数々の血腥い任務をこなし、死線をくぐり抜けてきたのだろう。ポートマフィアの秘密通路もしっかり把握していた。短い会話の中で芥川が澁澤の情報や異能力を取り戻す方法を知っていると判ると、彼と行動を共にした方が良いと合理的に判断した。

しかし敦はそれが気に入らない。ポートマフィア時代に芥川としていただろう会話、敦の知らない鏡花の情報……。そして、鏡花の抱える想いに気づけない、敦自身の浅はかさ。鏡花について、自分は知らない事だらけなのだ、という事に敦は絶句してしまう。

けれど敦は鏡花を見捨てずに救い出し、陽の当たる場所へ連れ出した少年だ。自分の異能力である虎と向き合い、また少し成長した彼は、鏡花が自分の異能力に抱く気持ちも、芥川が強敵に立ち向かう気持ちも、理解できるようになっていた。

判っているな。
何をすべきか……
——芥川龍之介

私の声に応えて

異能力を取り戻した敦と芥川、そして鏡花が戦うのは、異能力の結晶体によって顕現した澁澤龍彦。彼を倒すには3人の異能力を連携させるしかないと、それぞれが気づいていた。知らなかった気持ちを知り、そして自らの異能力と向き合った彼らは、戦う。夜叉白雪が応えてくれるか不安だった鏡花も、敦の言葉に後押しされ、叫ぶ。気持ちが通じ合う、その先へ向かって——。

君の嫌いたくなかった
夜叉白雪は
君の言葉に必ず答える
——中島敦

NAKAJIMA ATSUSHI

上村祐翔 中島敦役

勢いだけでなく、精神的な成熟も

——今回の物語の印象はどんなものでしたか？

上村　かなり骨太な映画だと思います。このタイミングで描かれるからこそ深みがあるというか、異能力そのものに直接フォーカスが当たっていて、攻めた内容の物語だと思います。

——中島敦にはどんな変化が起こっていますか？

上村　敦はTVシリーズでも成長を重ねて、どんどん主人公らしくなっていきましたが、今回は敦が今までに越えてきた壁とは違うベクトルの壁が現われます。これまでは生きるためであったり、何かを守るためであったり、戦うべき相手がはっきりとしていたのですが、今回はそうではない。鍵になるのは、自分と向き合うこと。シンプルなようで一番難しいことなんですよね。武装探偵社社員としても、異能力者としても、敦がもうひとつ大人になる、一皮むけるために必要なお話だったのではないかと思いました。

——敦を描いていく上で、何かオーダーはありましたか？

上村　アフレコのときに五十嵐（卓哉）監督から「この作品は敦で始まって敦で終わります。今回登場する澁澤龍彦も敦あっての人物とも言えるので、一連の騒動を解決するには、最終的に敦が自分の力でやるしかないのです」ということばをいただいて。勢いだけでなくて、精神的なところで成熟させないといけないなと、あらためて感じました。

——敦と芥川龍之介、泉鏡花の3人で戦っていくことになりますね。

上村　敦と芥川はこれまで敵対する関係でありながらも、ヨコハマを守っていく新しい時代の力をTVシリーズの最後に太宰にも求められていたけれど、今回はそういう描かれ方じゃなかったですね。敦がヘタレている分、完全に芥川が上をいっていて先輩のポジションというか。鏡花ちゃんも敦への感謝を口にしてくれているけれど、もうすっかり頼もしくなっている。TVシリーズの最終回の時点では、敦もけっこう成長できたんじゃないかと感じていたので、映画では鏡花ちゃんを引っ張るかっこいい先輩的存在になってたらいいなって思ったんですけど、違った（笑）。音響監督の若林（和弘）さんからも「TVシリーズの成長は一旦忘れよう」とディレクションがあったので、どこか無意識に何かに怯えている敦を描いていきました。

——収録も3人で録ったシーンが多かったとか。

上村　そうなんです。これまでこの3人だけでマイク前に立つことって、ほとんどなかったと思うのですが、3人ならではの空気感がつくれて、すごくうれしかったです。隣から「人虎！」「ケホケホ……」って声が届くと、ああ、（小野）賢章さんの芥川だなあって、じんわりきたりして。芥川あっての敦だし、敦あっての芥川だし、そういった意味では鏡花との関係も切り離せないと思うんですけど、大切な3人のトライアングルをしっかり描けたんじゃないかと思います。

——一方で、太宰治との関係性はいかがでしたか？

上村　今回、敦は太宰さんからの脱皮ができた、というような感触もあって。ある意味やっと敦もひとりで立てるようになったといえるのかもしれません。もちろん、敦が窮地に陥ったときに真っ先に求めるのは太宰なんだと今回の話で思い知らされました。もともと太宰が助けてくれたから武装探偵社で働けているという前提があるんですが、本編中では敦が太宰さんと直接言葉を交わすのは、アバンと最後だけなんですけど、この2つのシーンはかなり大事なシーンだと思って臨みました。最初は織田作のお墓参りのシーン、最後は織田作と同じ言葉を敦が言うシーン。どちらも織田作との繋がりがあって、脚本が素晴らしいですよね。ずるい！って思ってしまうくらい（笑）。あの言葉を自然に言える敦になれたことが誇らしいし、台本を読んだときに、まず素直にうれしかったです。織田作の思いが太宰を通して敦にも伝わったのかなとも感じましたね。そんな大事な台詞だからこそ気負わずニュアンスをつけず、さらっと言うところがポイントになりました。

——今回の太宰の動向にはどんな思いが

ありますか?

上村　太宰さんってミステリアスで何を考えているのかわからないところがありますけど、全ては「救済」というテーマを果たすためで、澁澤との対峙も、ある意味敦への救済でもあったと思うんです。太宰さん、相変わらずニクいですよね。今回、アフレコでは直接宮野(真守)さんにはお会いしてないんです。TVシリーズのときはずっと隣に座って、キャラクターさながら先輩後輩の関係でいろいろアドバイスをいただいていました。今回はそうではなかったので、少し大きくなった敦の成長を先輩に見てもらいたいという気持ちは、敦としても僕個人としてもありますね。そこがすごくリンクしていたかなと思います。

——各シーンについて伺っていきます。澁澤との対峙はどのように、捉えて演じていかれたのでしょう?

上村　自分の内面と向き合う葛藤のシーンなどは各収録日の最後に録りました。澁澤を倒すところは1日目の最後、過去のシーンは2日目の最後に録ったのですが、どちらも印象深いです。澁澤を倒すところでは、直接五十嵐監督がブースの中に来てくださって。「このシーンは、その前まで芥川と鏡花もいて音楽もかかって最高に盛り上がるんだけど、最後の最後、澁澤を倒すところでは音楽が途切れて、敦と澁澤の声しかしなくなる。だから、ここからは上村くんの力で倒すしかない」。これまでのように思いっきり殴るとかではなくて、この人を、澁澤を倒せるのは自分しかいないんだ、澁澤にとってもまたそれが救済になるんだ、僕は確実に澁澤をつぶすんだ、という意志を込めて、鬼のようにやってくれと言われました。

——ギリギリと獣のように唸り続ける場面ですね。

上村　収録時は敦と同じ顔をしながら、歯をぐっとくいしばって、なるべく叫ばないように息が続くまで声を伸ばしていって。大変でしたけど、直接五十嵐監督が声をかけてくださったことが嬉しかったですし、そこに応えられる自分でいたかった。でも、このシーンのとき、鏡花役の(諸星)すみれちゃんと2人で収録していたのですが、僕、とんでもない顔してたと思うので、見られていたらほんとにやばいです(笑)。実際そのシーンが終わったとき、息切れが止まらなくて、なぜかお尻がつっちゃったぐらい全身に力が入っていました。

——「いつだって少年は生きるために虎の爪を立てるんだ」のセリフもとても印象的です。

上村　澁澤に対して放っているようでいて、もっと本能的に出てしまった思いなんじゃないかと思います。やっぱり敦は、どういう状況であっても「生きたい」んだってすごく伝わってきた。予告にも入っていた台詞ですが、予告では「いつだって少年は」でブレスをとっていた中、本編ではひと息で言っています。そんなところにもこだわりのあるセリフです。一度OKが出たんですけど、できればもっとバージョンアップさせたいということで、わがままを言ってもう一度録っていただいたテイクでもあります。

——もうひとつ、「あの時、僕は、爪を立てた」の連呼も鬼気迫るものがありました。

上村　あそこは逆に感情をほとんどのせずに、頭ではわかっているけれど心に落としきれていない状態というニュアンスでオーダーをいただきました。等間隔でとも言われましたね。敦の中ではこの事実を完全に拒否していたから言葉だけがとつとつと流れ出して、でも、言っている最中に少しずつ感情が入ってきて。ほんとこの作品って脚本が素晴らしいと思うんですけど、多くは語らないんですよね。直接的に感情を表現するセリフはあまりない中で求められる感情の動きは繊細なので、丁寧にディレクションしていただきながら表現しています。

——太宰治と澁澤龍彦とフョードル・Dの3人の印象は?

上村　率直に怖いですよね。全員がミステリアスで、かなり悪に近い側面をもっていて。こういう人たちって軽々とニヤニヤしながらすごいことをこなしていくじゃないですか。わけがわからないですよね。敦にとっては、澁澤は死にもの狂いで倒さなきゃいけない相手であり、打ち勝つことが敦にとって必要で、敦の真髄にあるものを底上げしてくれた存在だと思います。収録ではご一緒できていないのですが、中井和哉さんの不気味なニュアンスに凄まじいものを感じながら演じました。共演できて光栄でした。

——最後に、ファンの皆さんへメッセージをお願いします。

上村　今回はオリジナルストーリーであるということもすごく効いていて、映画だからこそできる熱量で仕上がってると思います。TVシリーズは毎週積み重ねるように、徐々に成長を見せていけるのですが、映画は一本の中で変化を見せなければならないので、演じ手としてやりがいとともに大きなプレッシャーを感じました。スタッフの皆さんに「大変だけど、今回上村くん次第だよ」というように激励していただいて、なんとか進んでいきました。理想的にはもちろんTVシリーズから観てほしいと思いますけど、でも、この一本だけとても見応えのある映画になっていますので、ぜひ観ていただきたいです。90分にすべてが濃縮されていて、無駄なシーンやセリフがひとつもないフィルムです。出演できたことをうれしく思っています。

※ニュータイプ2018年4月号掲載のインタビューを再編集しました

KUNIKIDA DOPPO

国木田独歩

CV 細谷佳正

強き信念で理想を探求する探偵社のサブリーダー

武装探偵社の社員で、社長の福沢が不在の時には社員をまとめるサブリーダー的存在。映画でも会議に太宰が姿を見せない事に怒ったり、弱気になる敦に対して「勝てるかどうかではない。戦うという意志があるかどうかだ」と不屈の姿勢を見せたりとその役割を全うしている。理知的な外見とは裏腹にかなりの武闘派で、今回は社内に大量の銃器を隠していたことが判明。普段手帳から取り出しているワイヤーガンではなく、大型のショットガンを持ち出して己の異能分離体と対峙する。

異能分離体

能力

独歩吟客《ドッポギンカク》

手帳の頁を消費して書いたものを具現化する能力。手帳サイズ以下のものしか具現化できないという制限がある。異能分離体も手帳を持っていたが、あちらの表紙に書かれていた文字は「理想」ではなく「妥協」。

EDOGAWA RAMPO

江戸川乱歩

CV 神谷浩史

能力

超推理《チョウスイリ》

メガネを掛けると発揮される、超人的な推理能力。わずかな手がかりから瞬時に事件の真相を見抜くことができる。正確には異能力ではないが、驚嘆すべき推理力は武装探偵社を調査組織たらしめているものである。

自由奔放な名探偵 真相は彼の頭の中

現場を一目見ただけで事件の真相に辿り着き、顔を見ただけで人物の来歴も瞬時に見抜く推理力を持つ名探偵。実は異能力ではなく、常人離れした能力により一瞬のうちに推理しているだけに過ぎず、乱歩もこの事実をポオとの推理遊戯を経て渋々ながら認めた。

今回の事件では異能力者ではないため霧の中では消えてしまい、自身の異能分離体と戦うことはなかった。最初から事件の幕引きもほぼ予想できていたようで、金庫に仕舞い込んだ駄菓子を食べられたことで終息を実感している。

TANIZAKI JUN-ICHIRO

谷崎潤一郎

CV
豊永利行

細雪に己の幻影が浮かぶ変幻自在な異能に苦戦

主な業務は調査や張り込みで、基本的に非戦闘員だが、銃器の扱いやヘリの操縦もこなす。仲間が窮地に陥った時は、異能力「細雪」を駆使して救出する。妹のナオミに頭が上がらず、彼女の濃厚な愛情表現に日々悩まされる。

情報収集のため、異能特務課のエージェントとの待ち合わせ場所に向かい、国木田と共に異変に巻き込まれた。細雪から現れた異能分離体に首を絞められ、殴られ蹴られ頭を踏みつけられる。姿を隠し、背後から忍び寄る自身の異能に苦戦を強いられたようだ。

異能分離体

能力

細雪《ササメユキ》

周囲に降らせた雪をスクリーンのように使い、幻影を映し出す。自身はもちろん、本来そこにないものも投影できる。能力自体に攻撃性はないが、奇襲の援護や攻撃のサポートにきわめて効果的。たびたび戦況を有利に導く。

MIYAZAWA KENJI

宮沢賢治

CV
花倉洸幸

異能分離体

能力

雨ニモマケズ《アメニモマケズ》

怪力と頑丈さを発揮する、身体強化の能力。道路標識でも草をむしるがごとく引っこ抜き、片手でトラックを投げ飛ばす。また、自身は鉄パイプで殴られても、ほとんど痛みを感じない。ただし、空腹時にしか発動できない。

超怪力も鋼鉄の肉体も失い「判り合えない」敵と対峙

武装探偵社に入る前は、電気も電話も通っていない「イーハトーヴォ村」で牛を追って暮らしていた、明朗快活で純朴な少年。純真すぎて、相手の行動の裏を読む事は苦手。

超怪力も頑強な肉体も失われた状態で、異能分離体に襲われる。田舎で鍛えた賢治の運動能力は高く、投げつけられた車を次々に躱して逃げていた。しかし標識を振り上げて襲いかかる異能に、怪力を使えない賢治は反撃できない。心を開けば誰とでも判り合えるという、賢治の信念も通じないのか!?

YOSANO AKIKO

与謝野晶子

CV
嶋村侑

治癒能力で再生し襲いかかる自らの異能に圧倒され……

異能力の中でも珍しい治癒系の異能力者で、武装探偵社の専属医。死なない限り必ず完治させるため、怪我人の多い探偵社にとって重要な存在である。武道に優れ、戦闘能力も高い。敵対勢力から「果断なる婦人」と畏敬される。

霧の中から出現した「異能与謝野」は鉈《なた》で腕を斬り落とされても、「君死給勿」で瞬時に再生してしまう。その戦闘力も本体と同様の身のこなしだ。異能分離体に激しい蹴りを決められ、吹っ飛ばされる。破壊不可能な異能に、さしもの与謝野も圧倒される。

能力

君死給勿

キミシニタモウコトナカレ

いかなる外傷も完治させる「治癒能力」。ただし、瀕死の状態でないと発動しない。中途半端な怪我の場合は、相手をいったん「解体」して、半死半生にする。すでに絶命した相手を生き返らせることはできない。

異能分離体

TANIZAKI NAOMI

谷崎ナオミ

CV
小見川千明

HARUNO KIRAKO

春野綺羅子

CV
美名

裏側から探偵社を支える縁の下の力持ち

武装探偵社の事務員で兄が大好きな谷崎ナオミと、福沢の秘書で事務方を取りまとめる春野綺羅子。異能を持たない裏方の存在ではあるが、どちらも探偵社には欠かせない存在だ。

異能力者の連続自殺事件の話を聞いた時は、ナオミは心配して谷崎に抱きつきそのまま首を絞める一方、春野は冷静な態度を崩さないと対照的な態度を取っていた。ヨコハマに霧が発生すると、異能力者ではない2人は街から姿を消すことに。

FUKUZAWA YUKICHI

福沢諭吉

CV 小山力也

部下からの信頼も厚い剣豪にして探偵社社長

癖の強い探偵社の面々を、その貫禄と威厳で束ねる武装探偵社の社長。普段は信頼する部下に現場の判断を任せることが多いが、今回はターゲットが異能力者であること、そして一連の事件がより大きな事件の予兆であることを感じ取り、容疑者となる澁澤の捜査開始を堂々と宣言。剣客として「『孤剣士』・銀狼」の二つ名を持つほどの腕前の持ち主だが、自身と同じ技量を持つ異能分離体から自らの剣の欠点を指摘され苦戦する。さらに、戦闘中に思わぬ人物と遭遇し……。

異能分離体

能力 人上人不造《ヒトノウエニヒトヲツクラズ》

異能力者たちが持つ異能力の出力と制御を調整する能力。部下にしか発動しない能力なので奪われても問題ないと思われたが、異能分離体は能力だけではなく福沢の卓越した剣技をも再現していたために苦戦を強いられる。

MORI OUGAI

森鴎外

CV 宮本充

能力 ヰタ・セクスアリス

鴎外の傍にいつもいる少女・エリスこそ、彼の異能力が具現化したものだ。看護士姿で巨大な注射器を手にしているが、それ以外の詳細は不明。異能分離体として襲い掛かってくるエリスに、鴎外は防戦することしかできず……。

合理的思考で組織を率いるポートマフィアの首領《ボス》

飄々とした態度の頼りない男に見えるが、その正体はポートマフィアの首領《ボス》。敵対する者には手段を選ばず、一切の容赦がない。探偵社とは敵対する立場にあるが、ヨコハマに危機が迫っている場合は手を組むのも辞さない合理的な考えの持ち主で、太宰からは「合理と論理の権化」と言われた事も。澁澤への対応は部下に任せて積極的に動かなかったが、事件の裏で太宰が暗躍している事には気づいていた。普段はメスを武器にしているが今回は拳銃も使用して戦う。

DAZAI OSAMU

太宰治

CV 宮野真守

Profile

年齢■22歳　身長■181cm　体重■67kg
最近楽しかったこと■出社してきた国木田君を死体ごっこで驚かす遊び
最近気がかりなこと■心中候補の不足
今、敦に対して思うこと■方針通り成長中

深謀遠慮か、陰謀詭計か……絡まる因縁を解きほぐす男

かつてはポートマフィアの史上最年少幹部だったが、現在は武装探偵社の調査員である。彼の持つ異能力「人間失格」はあらゆる異能力を無効化する。飄々としてとらえどころがなく、行動が奇矯すぎて次に何をするのか予測不能。「自殺愛好家」を公言する変人で、いつでも綺麗な女性と心中しようと企んでいるらしい。

柔和な笑みを浮かべながら、思考を幾重にも張り巡らせ、二手も三手も先を読み、立ち位置を変えて行動する。時には仲間をも謀り、敵方の裏の裏をかくような、人心掌握術に長けた戦略家の顔を持つ。いつも巫山戯《ふざけ》ているように見えるが、周りの人物の行動も予測して準備を整え、冷静沈着に事件を理想的な形での収束に導く。

この最も敵にしたくない面倒な男、太宰は霧の中で消息を絶ち、澁澤龍彦の陣営に与する。謎の異能力者・澁澤と、魔神・フョードルという得体の知れない2人の懐に踏み込み、彼は彼の考えに従って動いていた。その真意は……？

能力
人間失格《ニンゲンシッカク》

直接触れることで、あらゆる異能力を無効化する。異能力によって生み出された如何なるものも、太宰には通用しない。攻撃する力はないが、異能力者に対しては絶大な脅威となる、ある意味、最強無敵の能力。異能力には強力だが、それ以外の物理的な攻撃を防ぐことはできない。そのため骨折、刺し傷、銃創など生傷が絶えない。また、怪我を負っても、与謝野晶子の治癒能力「君死給勿」で治療することができない。常に包帯だらけなのは、自殺マニアという趣味のせいもあるが、戦闘時に負傷するためでもある。

白い衣装を身に纏い、澁澤側へと移った太宰。その雰囲気は今までとは全く違っている

やはり君には救済が必要だね

龍頭抗争の頃から敵の裏をかく戦法に秀でており、捕まった振りもお手のもの。身のこなしも軽やかだ

DAZAI OSAMU

太宰の思惑 ～裏切りの連鎖～

霧の中で異能力者が次々と自殺する怪事件が発生する中、太宰は忽然と姿を消す。失踪か、はたまた誘拐か……。実は、自らの意志で敵側である澁澤とフョードルに与していた。何ゆえ、太宰は探偵社を裏切るような行動をとったのか。澁澤が潜伏している骸砦には、異能力の結晶体がコレクションされていた。太宰は澁澤に加担すると見せかけ、全ての異能結晶体を消滅させようと企んでいた。しかし、直前で思わぬ「裏切り」にあう。

太宰と安吾の因縁は深い。かつて太宰は安吾、織田作と奇妙な友情で結ばれていた。しかし、安吾の裏切りが発端となり、織田作の死という悲しい結末を迎える。安吾に「異能力者連続自殺事件」の関与を疑われ、1人霧の中に消えた

太宰は澁澤をヨコハマに召喚し、彼のコレクションルーム「ドラコニア」に潜り込んだ。異能結晶体を一箇所に集め、「人間失格」によって、すべてを消滅させるためだった。計画が成就する瞬間、太宰の肉体に衝撃が走る

太宰の思惑 ～毒と死と破壊～

太宰の計画は、フョードルによって澁澤に知らされていた。太宰は澁澤にナイフで刺され、仕込まれていた毒が回って倒れる。静かに目を閉じた太宰の体から異能が分離し、結晶となって澁澤の手の中に。澁澤の目的は、最初から太宰の異能結晶体を手に入れることだった。しかし、澁澤もまた、フョードルに謀られていたのだ。澁澤の喉笛をフョードルのナイフが切り裂く。死にゆく澁澤は己の「真実」を知る。太宰の死と澁澤の死、ふたつの死が破壊をもたらす。

澁澤は太宰をやすやすと毒殺せしめる。先読みが得意な太宰が、澁澤の目的やフョードルの裏切りに何ゆえ気がつかなかったのか？　果たして太宰は本当に絶命したのか？　死骸は何も語らず、静かに横たわっていた

フョードルの策略によって、太宰と澁澤は死に至り、「特異点」が発生する。太宰の死骸は、龍に姿を変えた特異点に吸収されてしまう。暴れ、哮り、咆吼する龍の内部で、太宰の遺骸が漂う。事態を収束する術はあるのか？

SHIBUSAWA TATSUHIKO

澁澤龍彦

CV 中井和哉

Profile

年齢 ■ 29歳　身長 ■ 177cm　体重 ■ 64kg
自分が思う長所と短所 ■ 長所は完全無欠なところ、短所は完全過ぎて面白くないところ
好きなタイプ ■ 予想のつかない人
座右の銘 ■ 退屈は猫をも殺す
好きな食べ物と嫌いな食べ物 ■ 好きな食べ物は筍ご飯、嫌いな食べ物は南瓜、人参

退屈な世界に終止符を打つ悪魔のごとき〝コレクター〟

6年前、あらゆる組織を巻き込み、ヨコハマ裏社会史上最も死体を生産した「龍頭抗争」の関係者。抗争の終結後に行方不明となったが、各国で発生した「異能力者連続自殺事件」で容疑者となったのち、再びヨコハマに姿を現す。

「コレクター」と呼ばれる異能力者だが、如何なる異能力を有するのか、全ては謎に包まれている。性格は傲岸不遜。今まで、自分の予想を超えた者は1人もいないと云い放ち、「私にとって他人は、見知った機械が詰まった肉袋に過ぎない。全てが自明で、全てが退屈」と嘯《うそぶ》く。厭世的な彼が希求するものは、唯ひとつ。頭の中の空白を埋める事——。

ヨコハマ全体を覆う霧を発生させ、その巨大な霧の領域に聳《そび》え立つ骸砦に潜む。コレクションルーム「ドラコニア」には、彼の蒐集したコレクションが収まっている。退屈な世界に終止符を打つがごとく現れ、霧闇を支配する澁澤龍彦。彼は何を為すのか。彼の求める「更なる世界」とは……?

何もかも予測できてしまうので、人生は「退屈」だと云う澁澤。その瞳が探すものとは……

今夜、このヨコハマの全ての異能が私のものになるだろう

異能力の蒐集を続け、他人を自分と同等だとは思っていない澁澤に、理解者などいなかった

SHIBUSAWA TATSUHIKO

最終形態

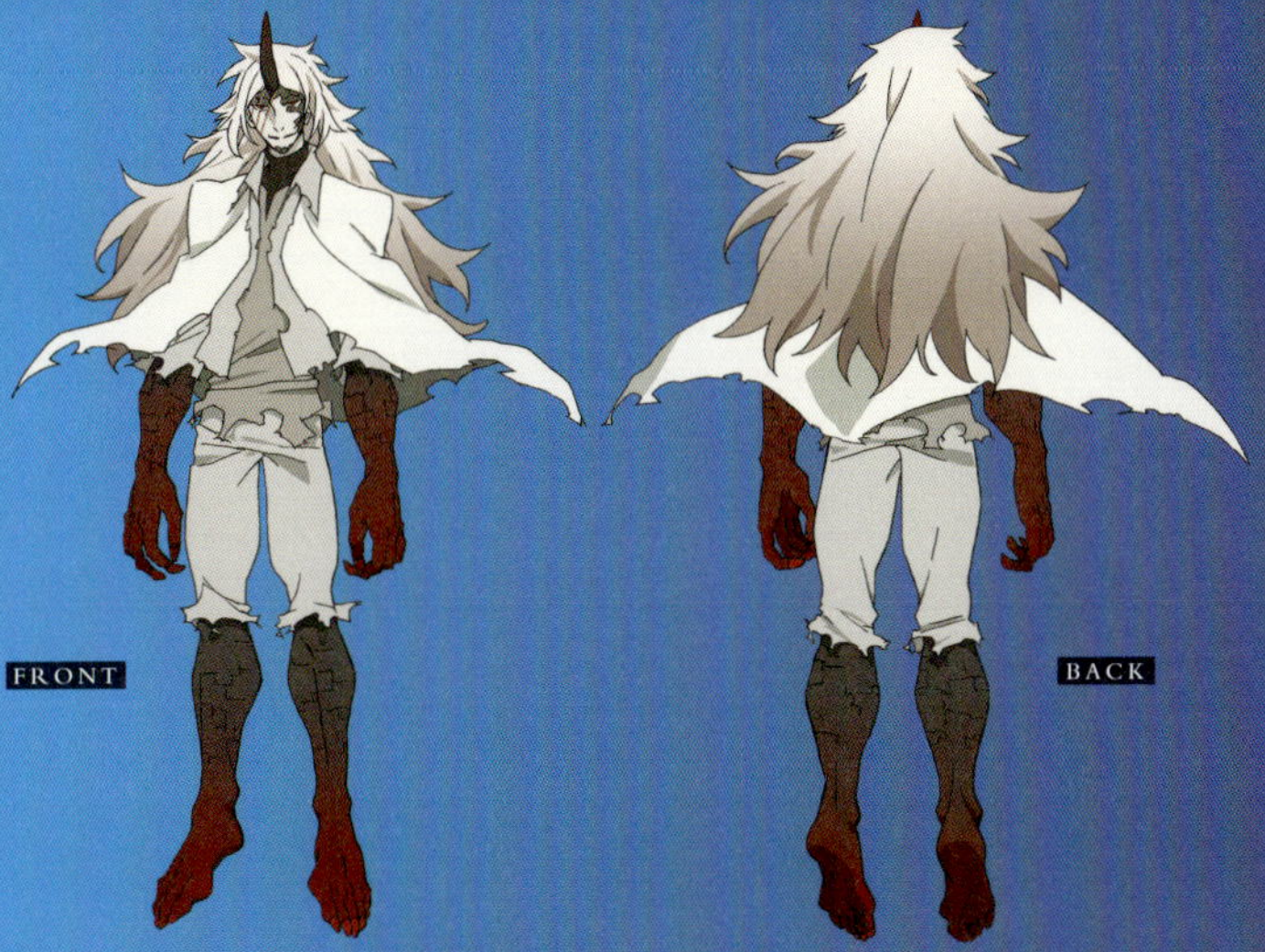

結晶の欠片は角のように伸び、顔の一部も硬質化。手足はまるで悪魔のように爪が伸びている。その姿は人間とは別の物になっており、力も格段に上がっているようだ

フョードルが異能を集める力を宿した結晶体を澁澤の髑髏にはめると、この髑髏が特異点となって異能力の力を吸い込み、変質した澁澤龍彦を生み出した

敦との闘いの中で、澁澤は退屈を忘れていた。強大な異能力の集合体である澁澤に立ち向かう敦の、生きたいという煌めきに、澁澤は歓喜の雄叫びを上げていた

自ら特異点となった澁澤の能力は拡大し、霧が世界中を覆う規模に広がっていく。このままでは世界中の異能力者から異能力が分離し、前代未聞の惨事の発生が予測される

能力
ドラコニア・ルーム

街を呑み込むほどの規模で霧を発生させ、その中では異能力者以外は消失する。異能力者は異能が分離し、異能分離体となってその主を襲う。その間、異能力は使用できない。死んだ異能力者の異能力は結晶体となり、澁澤のコレクションルームに収蔵される。しかし、蒐集が澁澤の異能力の全容ではないようだ。特異点の発生時、額に角のある姿となって顕現した。驚くべきパワーを発揮する。これが異能力なのかどうかは不明。

霧の中で異能力が分離してしまうと、持ち主は異能力が使えなくなる。自らの異能力に攻撃され、為す術なく殺されてしまう。これが「自殺」に見える真相だ

其ノ壱 澁澤と林檎

「林檎」はこの劇場版のシンボリックな存在。タイトルにも使われ、ナイフが刺さった林檎がたびたび登場する。そして、太宰は澁澤を「人に林檎自殺させる異能力者」と云う。林檎は様々な物語や伝承にも出てくる。ギリシャ神話では、ヘラ、アテナ、アフロディテの女神達が「黄金の林檎」を巡って争う。旧約聖書のアダムとイヴは、林檎を食べて楽園を追われる。イヴをそそのかした狡猾な蛇は、どこか魔人・フョードルを連想させる。林檎は「善悪を知る果物」とされるのも意味深だ。

作家・澁澤龍彦は『フローラ逍遙』の中で、「林檎は終わりの意味」と書いている。古代ローマの饗宴では、前菜は卵料理、デザートは林檎と決まっていて、「卵から林檎まで」は「始まりから終わりまで」を意味するという。フョードルが呟いた「終わりの始まりだ」に込められていたのは、〝DEAD APPLE＝世界の終わり〟だったのかもしれない。

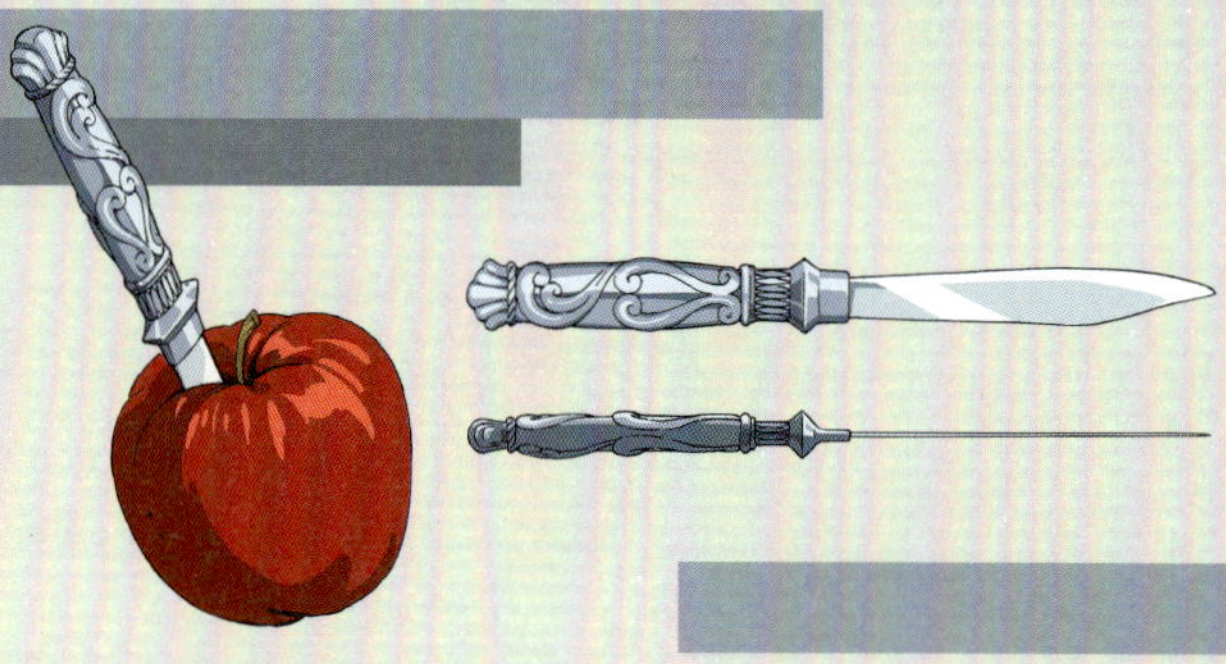

ドラコニアワールド

「ドラコニア」は作家・澁澤龍彦の銘々で、「龍彦の領土」という意味が込められている。
澁澤龍彦という1匹のドラゴンが棲む、ドラコニアワールドを考察する。

其ノ弐 澁澤と髑髏

中世の学者は死と馴れ親しむため、身の回りに頭蓋骨を置いたという。作家・澁澤龍彦も自宅の飾り棚に髑髏を飾っていた。澁澤は訪問者が髑髏に目をとめ、驚く様を楽しんでいた。映画の澁澤もコレクションルームのテーブルに林檎と髑髏を盛った籠を置いている。映画の中では、林檎も髑髏も死を象徴する。澁澤は常に死を意識し、死の間近に身を置いていたのだ。

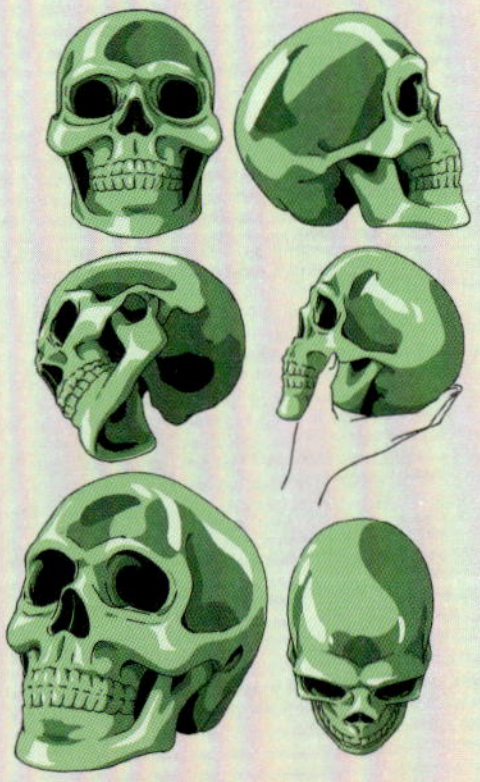

髑髏は林檎と共に置かれていた。それは、死した澁澤の亡骸でもあった

其ノ参 澁澤と結晶体

澁澤は何ゆえ、異能を結晶化させてコレクションしたのだろう。「石はいわば永遠に時間に汚染されない純粋な物質、超時間性あるいは無時間性のシンボルなのだ――」と、作家・澁澤は『思考の紋章学』の中で書いている。純粋透明な無機質の物体には、じめじめした思い出などという情緒は侵入してくる余地はない――。過去の記憶をなくした澁澤は、過去の何ものにも侵されない硬質の物体に、現在の喜びを見出していた……と考えるのは、穿ち過ぎだろうか。

異能力者から分離した異能は、結晶となって集まっていく

作家・澁澤龍彦とは

1928年(昭和3)、東京に生まれる。辰年にちなんで龍雄と名付けられた。小柄で華奢な色白の美少年で、独特なハスキーボイスが印象的だったという。成績は優秀だが、運動は苦手。運動会の徒競走はいつもビリだった。

二浪し、三度目にようやく東大の仏文科に合格。シュルレアリズムに熱中し、マルキ・ド・サドに心酔する。東大卒業後、大学院に進み、『サド侯爵の幻想』を書き上げる。この後、フランス文学者、エッセイスト、アンソロジストと様々な分野で活躍。ヨーロッパの異端文学、美術を積極的に紹介した。晩年は幻想的で独特な世界観の小説を発表。初の長編『高丘親王航海記』を上梓するが、喉頭癌に侵され他界する。

文豪との関係

作家・澁澤龍彦の書斎には1万冊以上の蔵書と、頭蓋骨や魚の骨、貝殻、石、毀れた時計、ガラス、煉瓦の破片、木の実といった〝役に立たないもの〟が蒐集されていた。澁澤はその場所を「ドラコニア」と呼んだ。

澁澤はとりわけ鉱石を愛し、「鉱物の結晶は物体の究極の理想的形式である」と語っている。「文スト」の澁澤もドラコニアに潜み、異能を蒐集し、究極の結晶体を追い求めた。

作家・澁澤の遺作『高丘親王航海記』の親王は、喉に真珠を詰まらせ声を失う。喉頭癌で声を失った澁澤の化身として描かれている。親王の最期はさらに象徴的だ。彼は自らを〝虎〟に喰わせて果てる。「文スト」の澁澤の最期が見事に重なり合う。

著作紹介

高丘親王航海記

著◎澁澤龍彦

幼少時から父帝の寵姫・薬子に天竺への夢を吹き込まれた高丘親王は、63歳にして海路天竺へ向かう。人語を解するジュゴン、下半身が鳥の女、犬頭の男、人の夢を食う獏。さまざまな不思議と出逢いながら、怪奇と幻想の世界を遍歴する。

ドラコニアの夢

著◎澁澤龍彦

サドやコクトーなどの仏文学・西洋異端文化の紹介者でもあった澁澤龍彦。彼が執筆してきたエッセイを中心に、小説、評論、紀行、対談など全26篇を収録したアンソロジー。彼の目指した「ドラコニア」を垣間見ることができる。

其ノ肆　澁澤と毒薬

作家・澁澤龍彦は毒薬に魅了されていた。『毒薬の手帖』という著書まである。そこには、澁澤が選りすぐった、古今東西の毒薬のエピソードが収録されている。澁澤はあとがきに「毒薬は不吉な運命の神」と書いている。映画の澁澤は太宰を油断させ、毒薬を仕込んだナイフを突き立てる。そのナイフは「死の林檎」に刺さっていたものだ。運命の神は林檎の毒によって、太宰に死をもたらしたのか……。

果物ナイフには神経毒が仕込まれていた。小さな刺し傷でも死をもたらす

澁澤龍彦の

澁澤龍彦と中島敦

澁澤と敦には、共に失われた忌まわしい過去の記憶があった。
6年前、まだ敦が12歳の頃。澁澤は敦の異能を奪うため、
孤児院を訪れていたのだ。

衝撃で痙攣する敦の胸元から、青白く輝く異能結晶体が出てくる。澁澤は歓喜に震える

医療器具を装備した部屋で、敦は椅子に拘束されている。12歳の敦には、何が起きたのか理解できない

突然、手足が虎化する敦。結晶体を取り戻し、縛めを断ち切る。完全に虎化した敦は澁澤に襲いかかる

敦の体に電流を流し、苦しむ姿を狂気の表情で眺める澁澤。「さあ、私に驚きを与えてくれ」

Fyodor・D

フョードル・D

CV 石田 彰

Profile

年齢■不明　身長■不明　体重■不明
自分が思う長所と短所■
長所は神の意志に忠実なところ。短所は不健康なところ
好きなタイプ■血色のよい人
座右の銘■神の手の導きのままに

狡猾に情報を媒介し自らの理想を志す魔人

地下を拠点とする盗賊団「死の家の鼠」の頭目。積極的に動くようには見えないが、太宰のように人心を掌握し、自分の欲するように動かしていくスキルに非常に長けている。組合《ギルド》襲来時には、白鯨《モビー・ディック》のメインシステムをいとも簡単に掌握し、墜落させ、組合の資産を強奪していた。

本人曰く虚弱な貧血体質だそうで、蠱惑的な黒髪と紫色の瞳で見る者を惑わす。落ち着いた口調で発せられる諧謔的な台詞からは本心が見えず、未だに彼の目的が何なのか、彼を「魔人」と呼ぶ太宰にさえも判らないようだ。だが、太宰も彼自身も似たもの同士だと認識しているようである。

太宰と同様に、澁澤の骸砦にあるドラコニアと呼ばれるコレクションルームに招待され、太宰に与するように思えたが、ヨコハマを破滅に導く事はなく、実は彼の思いは別のところにあったようだ。「罪と罰にまみれた世界」を終わらせようとしている彼の真意は、まだ深淵の底にある。

長期間にわたって澁澤に協力していたフョードル。彼の持っている情報は計り知れない

鼠は、街のどこにでも居るものですから

予測の付かないことをする同士であるフョードルと太宰。腹の内を静かに読み合う

Fyodor・D

ハッキングや情報売買
異能力の謎にも詳しい

澁澤には「悪魔に情報を売る死の鼠」と呼ばれたが、異能力者の情報を澁澤に流して殺させていたのがフョードルだ。「白鯨《モビー・ディック》」のシステムへクラッキングを行い制御を奪っていたことからコンピューターの扱いにも長けていることを窺わせる。更に、異能力に関する深い知識も持ち合わせているようで、異能力の特異点から顕現した〝龍〟を「異能が持つ混沌、本来の姿なのです」と云っている。この意味は一体……？

フョードルは龍頭抗争の頃にヨコハマへ潜入しており、抗争終結後には澁澤とコンタクトを取っていた。敦の異能こそ「全ての異能力者の欲望を導く」という情報を与えている。敦のこともフョードルは知っているようだ

敦の反撃で澁澤が死んだ事をフョードルは知っていた。今活動している澁澤が、死体から分離した澁澤自身の異能であることも判っていた。フョードルは何年も前から、澁澤を利用し、自身の目的を達成しようと企んでいたことになる

太宰が「私と組んだ本当の理由は?」と尋ねた時、フョードルは「世界のあるべき姿を求めただけの事」と答える。もちろん太宰も利用しようとしていた。「罪」と「罰」が内に共存するフョードルの闇は深すぎて理解できない

能力
罪と罰《ツミトバツ》

彼の異能力の詳細は不明である。どういった効果を発揮するものなのかも、異能力を使っている状況があったのかすら不明。澁澤の霧の中で彼の異能力は分離していたが、異能分離体が主を攻撃することはなかった。フョードル曰く自身は「罪」、異能力は「罰」であり、「罪と罰は仲良し」だというのだが、どれがどういった意味を持っているのかは判らない。異能力のない世界を作りたいという彼の願望と、彼自身の「罪と罰」は何か関係があるのだろうか。

太宰治×澁澤龍彦×フョードル・D

誰が私を救済できると
云うのかな

「退屈」を埋めるもの

澁澤の計画はいつも予想通りに進むため退屈していた。「私も昔、同じように退屈していたよ」と語る太宰は「退屈」をどう捉えたのだろうか。太宰はさらに「君には救済が必要だ」と云う……。もし、澁澤を救済する者がいるとしたら、それは天使か、それとも悪魔か。

迷霧に出逢う3人の超人
絡み合うそれぞれの思惑

ヨコハマの街が深い霧に呑み込まれた日、太宰治は仲間の前から姿を消す。それは、霧の異能力を持つ男・澁澤龍彦に与するためだった。そしてそこにはもう1人、太宰が「やがて来る〝本当の災厄〟」と予言した「魔人」フョードル・Dがいた。本来敵対するはずの彼らは、なぜ協力関係になっていたのだろうか。

その因縁は、6年前の「龍頭抗争」終結前夜に遡る。ポートマフィアの幹部候補だった若き太宰は、中原中也と共に敵組織の中枢——澁澤のドラコニアまで辿り着き、彼を撃退した。そしてフョードルもこの事件に関与しており、澁澤の「退屈」と「求めるもの」に目をつける。

フョードルは澁澤に接触し、中島敦という少年の異能力が「全ての異能力者の欲望を導く」と教えた。澁澤は敦を拷問し、敦の奥底にある異能力を取り出そうとするのだが反逆に遭い、殺されてしまう。これは澁澤の誤算だった。死した彼から異能が分離して動き出し、「空

集まったコレクション

澁澤のドラコニアに集まっている結晶体は、彼が世界中から蒐集した異能力者の異能だ。実はそのほとんどが、フョードルから買った異能力者の情報をもとに集めていた。澁澤は「さしずめ君は悪魔に情報を売る死の鼠だな」と評する。フョードルは異能力者についてかなり詳しいようだ。そして澁澤とフョードルの取引は何年も前から行われている事を窺わせる。蒐集品によって、ドラコニアは成長してきた。

友人など不要だ
どのような他者の心も
判るのだから
——澁澤龍彦

SHIBUSAWA TATSUHIKO

超人的頭脳を持つ者達の、隔絶と孤独

DAZAI OSAMU

君と組むのは不本意だが
澁澤を道化にするには仕方なかった
——太宰治

目的のために利用し合う

太宰は澁澤が蒐集した異能を解放するため、フョードルと手を組んだ……という建前でいた。実際のところ、お互い全く信用していなかった。フョードルは、太宰と澁澤の真意は筒抜けでそんな嘘では戯曲は紡げないと嘯く。フョードルにとって、太宰も道化、全ては余興に過ぎなかった。先の先の先を読み続ける彼らにとって「計画通り」とは何を示すのだろう。底の知れない男達だ。

白」を埋めるために異能を蒐集し続ける存在となってしまった。

これを利用しようとしたのがフョードルだった。異能力者から異能を分離させる澁澤の力は、フョードルの目指す「あるべき世界の姿」……異能力者のいない世界を目指せるかもしれない。特異点を作り、澁澤の異能を暴走させて世界中を包み込めば、異能力者を一掃できると考えていたのだ。

彼の企みに対抗したのが太宰だった。ポートマフィア時代にはすでに「林檎自殺」のことを耳にしており、「異能力者連続自殺事件」の犯人も澁澤だと気づいていたのだろう。彷徨う亡霊と化していた澁澤に、太宰は「救済」が必要だと思っていた。

そうして集まった3人は、それぞれの裏を掻き、協力し、裏切り、それぞれの目的のために動いていた。太宰とフョードルが組んで澁澤のコレクションを全て解放させるのは余興で、澁澤が太宰の異能を狙っていた。しかしそれは澁澤の求めるものではなく、フョードルが特異点を発生させるのに必要な〝矛盾〟だった。ここまではフョードルの描いた計画だったが、太宰はさらに先を読み、中也や敦に解決を託していたのだ。

ここで裏切りか

最後に笑うのは誰か

澁澤が求めていたのは「失われた自分の記憶」だった。フョードルが求めていたのは「あるべき世界の姿」だった。太宰が求めていたのは「澁澤の退屈と孤独を埋めること」だった。それぞれの求めるものを目指して動き、最後には〝全ての異能に抗う者〟である虎の異能を持つ敦によって打ち砕かれた。結果として、太宰が澁澤に必要だと云っていた「救済」は与えられたのだろうか。

Fyodor・D

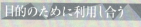

云ったでしょ?
余興は多い方が

NAKAHARA CHUYA

中原中也

CV 谷山紀章

Profile

年齢■22歳　身長■160cm　体重■60kg
最近楽しかったこと■自宅用のワインセラー買った
最近気がかりなこと■太宰がまた何か企んでる予感
現在、バイクをどうしているか■
幹部の威厳を保つため仕事では乗らない。
プライベートでこっそり乗る

汚濁状態

情に厚く、約束は守る口は悪いが真面目な男

中也は15歳でポートマフィアに入り、現在は五大幹部の1人として所属している。太宰とは組織に入った時からポートマフィアで共に過ごしてきた。年は同じだが、まるでそれだけが共通点のように2人は真逆だ。それは6年前の16歳の時も変わらない。太宰とは口汚く罵り合うが、肝心な案件では渋々ながら太宰の力になる事を厭わない。たとえば、龍頭抗争終結前夜、荒廃したヨコハマ郊外にある澁澤の本拠地ビルに囚われている仲間を助けるため、バイクを走らせた。敵の真っ只中に突入する際に、「敵の射程距離に入ったから、弾受けて死んでね」「雷に打たれて死んでたら面白かったのに」などと散々太宰に言われながらも、生真面目な中也はすべき事をやり、成果を挙げる。

仲間想いであり、恩の貸し借りはずっと覚えており、自分が言った約束は必ず守る、といったところからも彼の真面目な性格が窺える。「筋を通す」という部分ではブレない男だ。

散々文句を言い放ちながらも、ヨコハマのためなら命を張る。真面目で律儀な男だ

そう云うのはなァ、ビビって帰っていい理由にゃなんねェんだよ

「汚濁」状態になると全身に禍々しい模様が浮かび上がる。これが中也の真骨頂

16歳当時の中也

少年時代の中也は身長が160cmで現在と変わらない。ファッションの雰囲気は現在にも近いが、若い頃のほうがよりカジュアルで若者っぽさがある。大型二輪を乗りこなしたり、敵の異能力者も圧倒する力を発揮したりと、この頃から異能力者としての力が強かったことを窺わせる。

FRONT

BACK

SIDE

能力
汚れつちまつた悲しみに《ヨゴレツチマツタカナシミニ》

触れたものの重力とベクトルを操ることができる。敵が地面にめり込むほど重力を重くしたり、自身の重力ベクトルを操り、バイクで壁を疾駆することもできる。この異能の第二段階が「汚濁」だ。周囲の重力子を操り、圧縮した重力子弾はブラックホールのようになってあらゆる質量を呑み込む。どんなに巨大なビルでも重力操作で投げ飛ばすこともできる。ただし「汚濁」が発動してしまうと理性がなくなって暴走状態になり、死ぬまで暴れ続けてしまう。

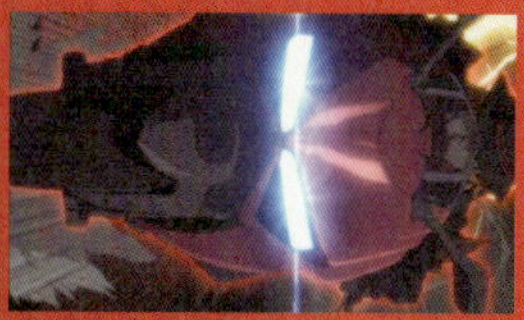

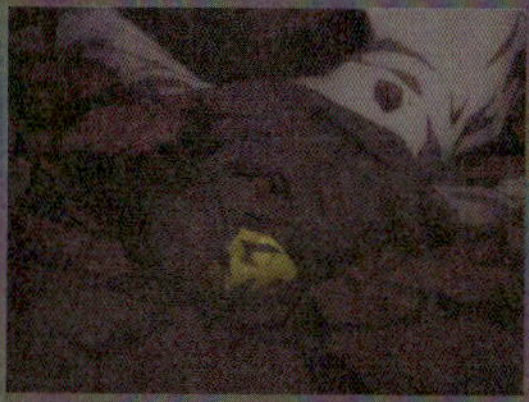

坂口安吾

SAKAGUCHI ANGO

CV 福山潤

内務省異能特務課の参事官補佐として、異能問題に関する国家の安全保障を担う。今回特務課は「異能力者連続自殺事件」の関係者がヨコハマに潜入したという情報を掴み、探偵社に捜査依頼を出した。霧の発生後、安吾は通信室にこもり、事態の収拾に努めていた。国木田から通信が入ると、探偵社に対して澁澤龍彦の排除依頼を出している。さらに、ポートマフィアである中也にも事件解決依頼を出し、特務課の通信室まで呼び出し、直接交渉に当たった。

能力

堕落論《ダラクロン》

詳細は不明

所属

内務省 異能特務課

異能力者を管理する秘密組織。政府の管轄下にあり、危険な異能力者の監視や政治的な利用もしている

かつての龍頭抗争時、澁澤の投入に異を唱えたものの当時の安吾は経験の浅い潜入捜査官で、聞き入れられなかった。このため中也の部下が犠牲となり、後年に至る確執の一因となる

特務異能課に所属しつつポートマフィアとミミックのメンバーとして三重スパイを務めた経緯から、恨まれていることも多い、マフィア時代に友情を得た太宰とは、現在険悪な関係にある

村社

MURAKOSO

CV 原優子

同じく異能特務課に所属する、安吾の側近。今回の事件でも安吾や青木と行動する。颯爽としたスーツ姿に、武骨な刀がよく似合う。彼女も安吾の身辺を警護しており、太宰と対峙した際は青木に劣らぬ速さで抜刀した。しかし、異能力の有無は不明。いつもフーセンガムを噛んでおり、霧が約168時間で地球全土を覆うとの報告にガムを割りながら「マジかよ」と驚愕していた。

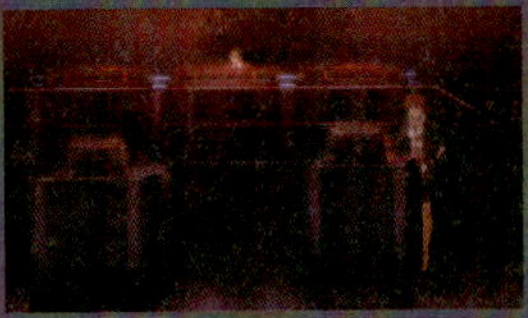

青木卓一

AOKI TAKUICHI

CV 手塚ヒロミチ

内務省異能特務課に属する、安吾の側近。敵の多い安吾の護衛も務めており、常に影のように付き従っている。安吾と太宰が数年ぶりに再会した際、太宰にすかさず拳銃を向けるなど、かなりの凄腕。体術にも優れているが、異能力を有するかは不明。今回の事件では中也への連絡という重要な命令を下されるなど、安吾からの信頼も厚いことが伺われた。

TSUJIMURA MIZUKI

辻村深月

CV
高橋李依

危険に飛び込む特務課の新人エージェント

内務省異能特務課の新人エージェント。坂口安吾が直属の上司に相当し、ふだんは特A級危険異能者・綾辻行人の監視任務に就いている。同名の母・深月と同じ名を持つ異能「きのうの影踏み」は「影の仔」を使役する能力だが、自在に使いこなすまでには至っていない。

かつて綾辻と妖術師・京極夏彦が争った事件で奔走した際、ポートマフィアの中原中也と接触。中也から自身の異能を「死の臭い」がすると指摘された。今回の事件でも軍事輸送機・鴻鵠内で再会するなど、中也とは奇妙な縁があるようだ。

事件の収束後も後始末に追われるが、徹夜4日目でついにダウンした。

能力

きのうの影踏み《キノウノカゲフミ》

異能生命体「影の仔」を出現させる

SIDE

BACK

AGATHA・C

アガサ・C

CV
坂本真綾

能力
そして誰もいなくなった《ソシテダレモイナクナッタ》
詳細は不明

世界を覆う霧に対応した英国異能機関の重鎮

イギリスの古き異能機関・時計塔の従騎士の近衛騎士長を務める。「そして誰もいなくなった」という異能力を有するが、詳細は不明である。

薔薇のついた帽子に煙管、ワインのような色合いのドレスが特徴的な麗人。豪奢な部屋の中でアフタヌーンティーを愉しんでいる姿は、イギリスの貴族のような佇まいだ。「時計塔の従騎士」は世界最強と称される異能大国・英国の秘密特務機関であり、この世界の未来を握るとさえ云われる組織である。その従騎士の中でも高い地位にあるアガサの意志決定は、他国の命運を容易く左右する。ヨコハマが「霧」に覆われた際は、世界への蔓延を防ぐためと称して焼却の異能力者を爆撃機に乗せて日本へ派遣、焼き払おうとした。

時計塔の従騎士 爆撃機

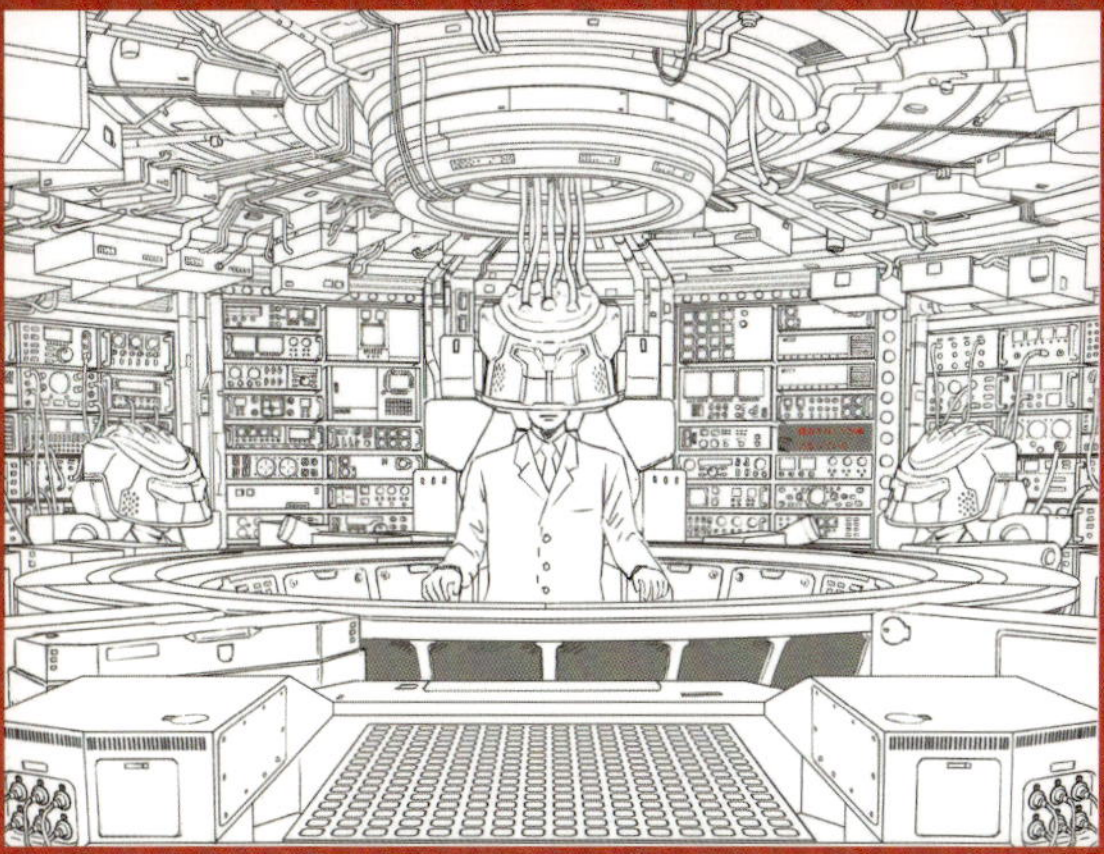

アガサがヨコハマへ向けて飛ばした爆撃機。尾翼のない全翼機という独特なフォルムになっているステルス機だ。登場している焼却の異能力者は、周囲に配置された異能力者から力を増幅してもらっている

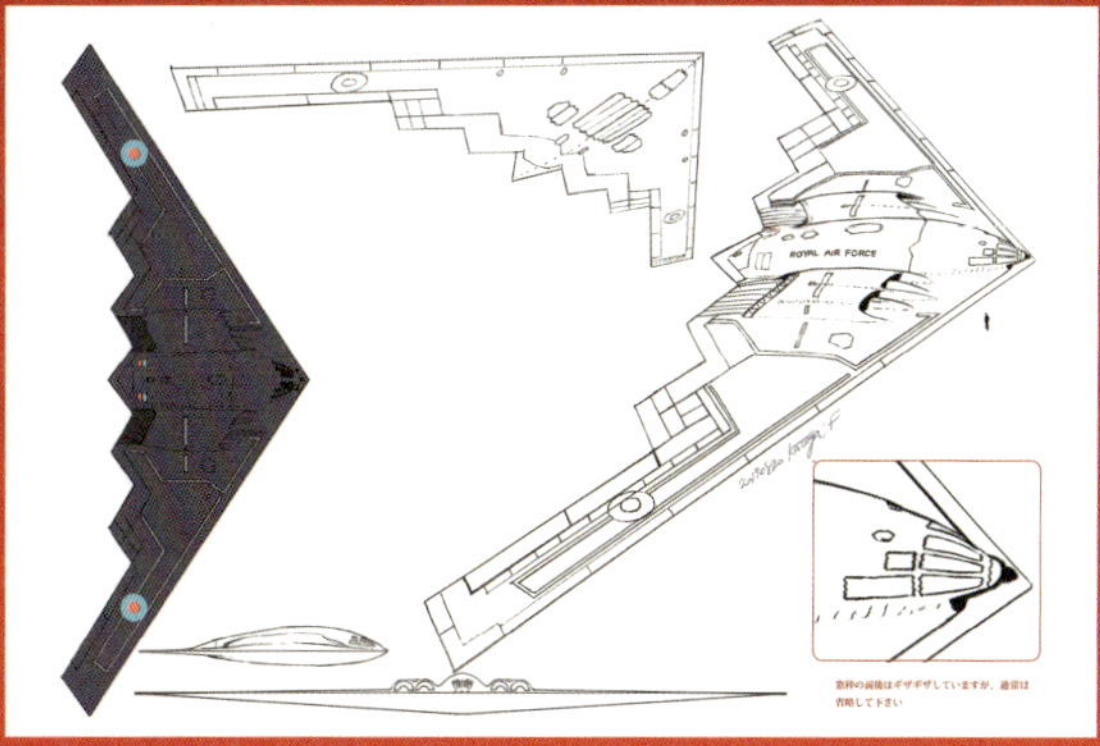

異能特務課 輸送機「鴻鵠」

中也を〝龍〟の近くまで運んでいった戦術輸送機。翼が高翼式になっており、胴体のカーゴスペースが広く設けられている。短距離での離着陸が可能なため、荒れ地でも活躍する

〝龍〟

フョードルが発生させた特異点から発生した「異能の混沌」たる存在。これが異能本来の姿だというが、なぜ龍の形となって顕れるのかは詳細が判らない。全長はひとつの街を囲むほどに巨大で、その牙ひとつが人と同じくらいの大きさだ。口からは炎弾を吐き出し、尻尾からは龍の形をした光線を打ち出す

朝霧カフカ
劇場版
初期構想資料

劇場版制作にあたって原作者・朝霧カフカが
考えていたイメージ資料を公開!
過去の事件から現在に因縁が繋がり、
舞台は異界になったヨコハマ、
という部分は初期から変わっていない。
キャラクターの見せ場などの考えも見ていこう。

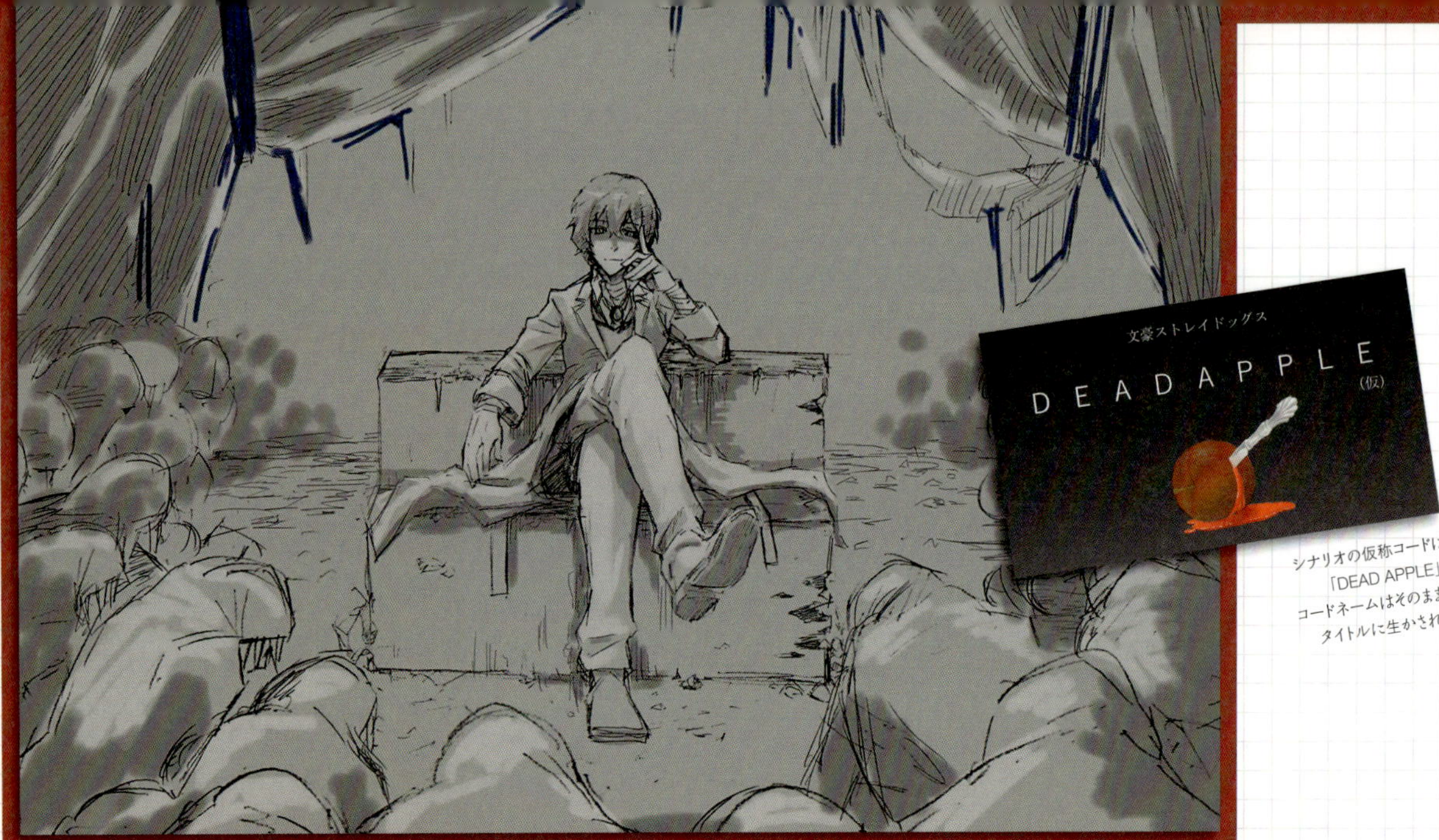

シナリオの仮称コードは「DEAD APPLE」。コードネームはそのまま、タイトルに生かされた

太宰はヨコハマの王になる?

朝霧カフカが自ら描いたイメージイラストには、太宰に平伏する民の姿が描かれている。危険で敵対的な異界の民を詭弁で丸め込んで王になる——という設定だが、「民を導く気はない」と注釈が付けられていて、いかにも太宰らしい。また、太宰の「死」は初期から想定されていたがどう復活させるかについては決まっていなかった。死に方は自殺か他殺か微妙なラインで、「脇腹を槍に刺されて死ぬ」「凍死(死体がきれいなので)」など、いくつか候補があった。

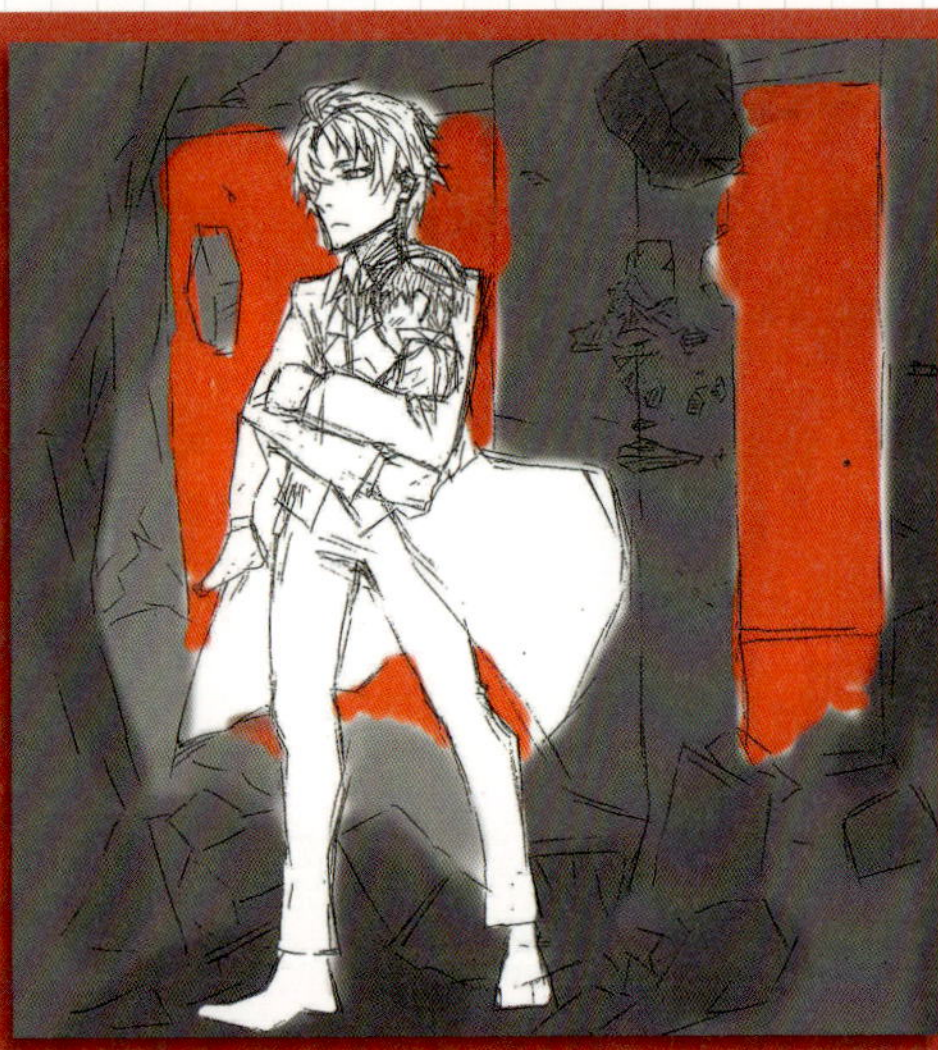

織田作の感動サプライズ

銃弾の中、業火に包まれた建物から子供を助け出す織田作之助。イラストに描かれた織田作の佇まいは、あくまでも静謐だ。朝霧のメモには「すでに黒の時代で全部見せているので、改めて言わせるべきことは特にない」とある。龍頭抗争から6年後、異界に織田作の姿はない。だが織田作の異能力は残滓となって白い鳥に姿を変え、たびたび敦の危機を救う……というサプライズが用意されていた。結局、このエピソードは使用されなかった。

芥川は負けている時に輝く

ボロボロになった血まみれの芥川。イラストには、「芥川は勝つより負けてる時のほうが輝く」と添えられている。異能力「羅生門」が使えず、敵にいいようになぶられ、それでも戦意を失わずに立ち上がる……。どん底から這い上がる姿は、不屈の精神を持つ芥川の真骨頂だ。「芥川VS羅生門……自分の異能と素手で戦う」というメモもあり、それは本編でもしっかり活かされている。

中也の重力操作を使ったギミック

中也のバイクに乗って壁を走るアクションシーンは、初期の活躍イメージから考えられていた。他にも、建物の側面を走りながら戦ったり、空中に浮かせた瓦礫を足場に跳ね回って攻撃したり、中也のカッコよさが際立つシーンが想定されていた。劇中の崩壊したビルの破片を跳び移りながら巨龍に迫るシーンは、初期のアイデアから発展したものだ。

共感できる存在としての敦

構想の中で、敦の活躍シーンは設定されていなかった。敦は視聴者の視点に立つ存在なので、「共感できることが大事」と書かれている。敦は物語の主人公であり、物語の中で成長していく存在だ。「弱者や悩む人への共感能力が高い」と書かれている通り、敦は〝弱さ〟を見せられるキャラクターなのだ。

初期プロットの枠組み

過去編

- ●（6年前）龍頭抗争
- ●敵役をチラ見せ。これが事件の発端

発　端

- ●鏡花と敦が仕事中、いきなり「異界」に迷い込む
- ●訳の判らない世界を探索ルールを把握していく

危　機

- ●「異界」が拡大し、世界全体が異界化する危機
- ●太宰の死
- ●異能力が剥ぎ取られ、敵に回る
- ●探偵社員の異能力（影）と戦う

解　決

- ●異能力が戻る（倒すと戻る？）
- ●敦が戦って解決。敵の死
- ●伏線の回収とサプライズ
- ●実は発端はフョードルの悪意だった？

悪夢のような「異界」から死の林檎が浮かび上がる

原作者・朝霧カフカの初期設定では、異能力者の力で「異界」となったヨコハマが舞台だった。初期設定には「異界に住む亜人、龍頭人躯のドラコニアン」とあり、すでにドラコニアの構想が垣間見える。敵の設定にも「迷子の異能が勝手に異能世界を作り出した？」とあり、亡霊と化していた澁澤にも通じるところがある。

「異界」は、澁澤龍彦というキャラクターを得て霧に覆われたヨコハマや「ドラコニア」へと変貌を遂げる。「異界」を跋扈《ばっこ》していた魂の化身は澁澤に内包され、霧に覆われた「DEAD APPLE」で新たな戦いの幕が上がることになる。初期構想にあったストーリーラインや、キャラクターの描きたいシーンが、しっかりと本編に活かされていることが判る。

太宰治、澁澤龍彦、フョードル・D ラフ

架空の都市ヨコハマが舞台なので、日本勢はファンタジーになりすぎる衣装は普段避けているのですが、物語の傾向と作家・澁澤先生ご本人の作風からこのような見た目になりました。残り2人も彼に合わせる形でデザインしています。また、今回の原作発案では大変珍しく、太宰さんは髪の毛を片方だけ耳にかけています。マフィア時代片目を隠しているのと同じように、陣営が違っている証として、顔周辺にも何か変化があったほうがいい（アップになっても判るように）と思ったためです。

春河35 初期設定・ラフ画

太宰、澁澤、フョードルや
16歳の中也などのラフ画とともに、
劇場版のキャラクター原案を担当した、
春河35のコメントを紹介。

双黒（16歳）線画ラフ

これは採用されなかったほうの中也さんと、森さんからもらったものではないコートを羽織っている太宰さんです。後にこのコートは芥川さんに譲られます。実は、この太宰さんは描く必要がなかったのですが、要ると思って勘違いしてうっかり描いたものでした。そんなこともあります。

中原中也（16歳）初期ラフ

印象を手探りしている状態の一番初期のラフです。帽子のかわりにずっとフードを被っている案も考えたのですが、流石に帽子をなくしてしまうと中也さんではないかな、と思ってやめました。個人的には、お顔の印象が一番想定するイメージに近く描けたものです。

中原中也（16歳）色指定ラフ

アニメでの色設定用に描いたものです。後々、アクリルスタンドにしていただいたイラストなのですが、「それならもうちょっと凝ったイラストにしてもよかったかも」と思いました。

アガサ・C　ラフ

一番最初に漫画用で描いたラフのものより裾を長くしています。強い組織のボスっぽさが、より出たのではないでしょうか。イメージカラーにお願いしたのは「クラレット」という色で、これはイギリスで良質なワインを示す意味合いの言葉だそうです。

公式ガイドブック　煙霧録　春河35描き下ろしイラスト

BUNGO STRAY DOGS DEAD APPLE INTERVIEW

インタビュー集

キャストコメント

CAST COMMENT

MIYANO MAMORU

ONO KENSHO

MOROHOSHI SUMIRE

NAKAI KAZUYA

ISHIDA AKIRA

太宰 治役 宮野真守

芥川 龍之介役 小野賢章

泉 鏡花役 諸星すみれ

澁澤龍彦役 中井和哉

フョードル・D役 石田彰

鼎談

ASAGIRI KAFKA

IGARASHI TAKUYA

ENOKIDO YOJI

原作 朝霧カフカ

監督 五十嵐卓哉

脚本 榎戸洋司

スタッフコメント

STAFF COMMENT

美術監督：近藤由美子

撮影監督：神林剛

エフェクト作画監督：橋本敬史

音楽：岩崎琢

音響監督：若林和弘

メカニックデザイン：片貝文洋

キャラクターデザイン・総作画監督

新井伸浩 ARAI NOBUHIRO

作画監督コメント

菅野宏紀

服部聰志

高士亜衣

徳岡紘平

飯山菜保子

荻野美希

Cast Comment

キャストコメント

宮野真守

太宰治役

ミステリアスな太宰をしっかり理解して、皆で一緒に向き合った

映画化が決まった際のお気持ちをお聞かせください。

アニメからこの「文豪ストレイドッグス」に出会い、原作に触れ、物語の奥深さや、魅力的なキャラクターたちが大好きになり、もはやいちファンの僕なので、映画化は心底嬉しかったです。そして、また太宰治を演じられることが幸せすぎて、心踊りましたね。アフレコ現場は、楽しかった思い出しかないので、またみんなで力を合わせて作品作りができることが楽しみで仕方なかったです。しかも、映画の内容はオリジナルストーリーになると聞いて、とってもワクワクしました!

今回の映画で太宰を演じる上で心がけたこと、大切にしたこと、挑戦だった部分、もしTVシリーズから太宰の変化を感じていたらその点についてなど、太宰を演じる中で感じたことを教えてください。

今回のストーリーの上での、太宰の本当の思惑とか、真意とか、台本には書かれていない、台本を読んだだけでは理解が届かない部分については、監督としっかりお話させていただいて「太宰は何を思って行動してるのか」を充分に把握した上で臨みました。TVシリーズの時から掴みどころのない印象が残るキャラクターでしたが、今回もミステリアスに立ち回ります。ストーリーテラーというか、外から騒動を眺めているような立ち位置でもありましたが、それでも太宰の〝色〟はしっかり出せたと思いますし、そんな様を楽しんで演じさせていただきました。

今回のアフレコ時に印象に残っている言葉ややり取りがあれば教えてください。

五十嵐(卓哉)監督の作ろうとしている世界観、キャラクターへの思いを受け取った上で、自分なりに芝居をすり合わせていきました。特に今回はオリジナルストーリーなので、先ほどもお話しした通り、わからないところは監督が本当に細かく説明してくれて。そして、僕のお芝居に対して、ちょっと方向性が違う時は、若林(和弘)音響監督が的確な演出で軌道修正してくださって。皆で一緒に話して、皆で一緒に理解して、皆で一緒に進む……。今回も、一つのチームとして作品に向き合えたことを実感しています。

今回の映画の中で、印象に残っているシーンや台詞を具体的に教えてください。

太宰、澁澤、フョードルの怪しすぎる会談は、演じている僕もつい「なんだこの3人は!?」とツッコミを入れてしまったくらい独特の空気感がありました(笑)。卓越した頭脳を持つがゆえに、普通の人には見えないものが見えている、太宰と、フョードル。そこに、さらに何を考えているかわからない新キャラクター澁澤が加わって、今回の物語の中での、とびっきりミステリアスなシーンを構築しています。そして、澁澤の立ち居振る舞いに対しては、僕も太宰と同じく「君、友達いる?」という台詞まんまのことを思いましたね(笑)。

小野賢章

芥川龍之介役

ブレずに、真っ直ぐにひたすらに己を貫く

映画化が決まった際のお気持ちをお聞かせください。

まず、また芥川を演じられることが素直

に嬉しかったです。
　オリジナルと聞いていたので、どんな話になるのかとても楽しみにしていました。

TVシリーズを経た今回の映画の中で、どんなところに芥川の変化、成長を感じましたか？　もし新しい魅力や発見もあれば併せて教えてください。

　芥川に関しては、あまり変化したという印象がなかったです。逆に言えば、それだけTVシリーズの時から真っ直ぐでブレていないということですよね。あとは……芥川は強いはずなのに、吹っ飛ばされているということがTVシリーズから結構あるんです。
　で、今回の芥川の初登場シーンが吹っ飛ばされての登場なんです。これは芥川の新しい魅力の一つと言ってもいいんじゃないでしょうか(笑)。

今回のアフレコ時に印象に残っている言葉ややり取りがあれば教えてください。

　TVシリーズで色々あったので、敦ともほんの少しだけ距離が縮まっていてもいいのかなと思ったんです。本当に少しだけ。テストで試したら、距離近すぎというディレクションが速攻で入りまして、すぐに元通りにしたのを覚えています(笑)。

今回の映画の中で、印象に残っているシーンや台詞を具体的に教えてください。

　決着がついた後の芥川のシーンです。台詞はないのですが、その行動で何をしていたかがわかって、途中ではあんなことを言っていたけどやっぱり〜(笑)と少しほっこりして、とても印象的に残っています。

諸星すみれ

泉鏡花役

淡々とすべきことをこなす冷静な鏡花だけど、所々に本音が見えた

映画化が決まった際のお気持ちをお聞かせください。

　完全新作と聞いてとてもわくわくしましたし、武装探偵社に入った鏡花の成長や活躍する姿を見られるのが楽しみでした。

TVシリーズを経た今回の映画の中で、どんなところに鏡花の変化、成長を感じましたか？　もし新しい魅力や発見もあれば併せて教えてください。

　コンプレックスである過去や環境を抱えながらも、自分にできることを果たし信念を貫こうとする姿に、鏡花の強さと心の成長を感じました。暗殺者としてのスキルをここぞとばかりに発揮している鏡花はとてもかっこいいですが、常に全力で何事にも真っ直ぐすぎるところは、少し可愛いなと思います。

今回のアフレコ時に印象に残っている言葉ややり取りがあれば教えてください。

　今回は、敦と行動を共にすることの多い鏡花ですが、その2人の対比をつけることは、常に頭に置いていました。ビクビクワタワタしがちな敦に比べて、鏡花は常に冷静で、敦を引っ張っていく存在です。若林音響監督からは、やるべきことを淡々とこなしていく鏡花を、見ている人が冷たいと感じるくらいでもいいと言われました。
　ただ、任務遂行中ではない時は、敦に向ける鏡花の想いや距離の近さを表せるようにお芝居しました。

今回の映画の中で、印象に残っているシーンや台詞を具体的に教えてください。

　アニメではそれほど深く掘り下げることができなかった、夜叉白雪と鏡花の関係を明らかにするようなシーンはとても印象に残っています。母親の形見である携帯電話と、それを通じて動く夜叉白雪。夜叉白雪は殺戮の権化ですが、鏡花にとっては、母親と自分を結ぶとても大切な存在です。「携帯で動く夜叉白雪を本当は嫌いたくなかった」と敦に告げるところは、鏡花の本音が溢れた、切なくて純粋で、私のとても好きなシーンです。

中井和哉

澁澤龍彦役

空虚な雰囲気の中にあった歪みと抑圧……内に秘めたものの解放

演じられた澁澤龍彦というキャラクターの印象、演じる上で心がけた点、芝居を重ねていく中で印象が変わっていった部分もあれば教えてください。

　最初にデザインを見た時点で、謎めいていて何を考えているのかわからない、そもそも何かを成す気があるのかもわからない気怠い印象を受けました。台本を読んでみても登場の瞬間から正にそのイメージのままでしたし、口で言っていることがとても本音とは思えない、掴みどころのない存在でした。なので本当にその印象のまま、物語の先を読んで色々考えるよりも、彼が過去の記憶を取り戻すまでは見ている方にどうとでも取ってもらえるような空っぽな雰囲気が出ればと思って演じました。

澁澤というキャラクターの魅力はどこにあると思いますか？

何といっても彼の纏っている雰囲気、何もかも退屈でしょうがない、面白いことを探しているようでそんなものどこにもないことを悟っているようなムードがいいですよね。実は強烈に欲しているものがあるわけですが、ガツガツしているようにはとても見えない。やっぱり悪役はどこか無理をして、色々と歪んでいるほうが魅力的だと思います。物語の終盤にはある意味初めて躍動するんですが、「そうか、そんなものを内に秘めていたのか」と、無理していた感が一層伝わってきます。

今回のアフレコ時に印象に残っている言葉ややり取りがあれば教えてください。

特に印象的だったのはオーディション合格を知らされた時の若林音響監督の言葉です。

「中井さんにお願いしようと思います。ただ、声はやや高めを意識してください」と言われました。嬉しい言葉でした。あなたの声がぴったりですと言われるより数段嬉しい、モチベーションの上がる一言でした。あと、慣れない現場でキョドる私と他愛ない会話をしてくださったフョードル役の石田さんに感謝です。内容は言えませんけど。

今回の映画の中で、印象に残っているシーンやセリフを具体的に教えてください。

澁澤が6年前の出来事を思い出し、今の自分が何者なのかを自覚するシーン。「あの時僕は爪を立てた」という敦の呟きと、「あの時あなたは死んだ」というフョードルの宣告、さらに澁澤の「あの時私はスイッチを押した」から「あの時君は私を殺した」に繋がるセリフのリズムがなんとも不思議です。そして極め付き、敦の「いつだって少年は生きるために爪を立てるんだ！」の叫びがこのシーンを決定的に印象付けていると思います。

石田 彰

フョードル・D役

一見普通に見える人の中にある狂気

演じられたフョードル・Dというキャラクターの印象、演じるうえで心がけた点、芝居を重ねていく中で印象が変わっていった部分もあれば教えてください。

フョードルという人間は、自分だけがこの世界の隅々までを見渡せている、自分1人の意思で世界を矯正する権利を持っていると考えているようですね。他人からは不遜に見えますが、当然本人はそんなことは全く思ってもいない。言うまでもなくそういう存在であることが当然だと捉えているからです。

超然とした存在として無条件に受け入れるか、嫌なヤツだと俗っぽく反応するかは、どんな立場で評価するかで変わって来ますが、こういう彼に対する印象は「DEAD APPLE」での登場シーンを知って初めて生まれたものです。何しろTVシリーズの時はヒントがなさ過ぎましたから。

フョードルというキャラクターの魅力はどこにあると思いますか？

一見普通に見える人の中にある狂気でしょうか。

彼に対して共感というベクトルで魅力を感じる人は、自分の中にある反社会的な衝動と、それを代行してくれるダークヒーローとしての姿をフョードルの中に見ることで惹かれるのかもしれません。こうしてあえて文章にするとアブナイ思想の人だからフョードルを好きになると言っているようですが、想像するだけなら自由ですし、実際何かの拍子に「こんな世界なくなればいいのに」と思ったことのない人もいないでしょう。その上彼には、明らかにイッちゃってる様には見えないという取っ付きやすさもあるので間口は広いはずです。

ですから勿論見た目だけに惹かれるというのもアリですね。

今回のアフレコ時に印象に残っている言葉やり取りがあれば教えてください。

今回は澁澤役の中井さんと二人での収録だったのですが、それがとりも直さず、「文豪ストレイドッグス」の世界観を把握しているレギュラーメンバーがいないことを意味するとは思っていませんでした。スタジオで最初に中井さんに聞いたことは「中井さんはTVシリーズずっと出ていたんですか？」でした。勿論答えはNOです。手探り状態に一瞬不安を感じましたが、実際の収録は音響監督の若林さんにフォローしていただき事なきを得ました。

今回の映画の中で、印象に残っているシーンやセリフを具体的に教えてください。

物語全体という大きな括りになりますが、事を起こしている側と、それに翻弄される側が全く接触しないまま、それぞれのレベルで事態が収束して、それぞれの結論と目標が描かれるという構成が何より印象的でした。両者がこの先交わった時の成り行きに不安な気持ちをかき立てられつつ、期待も高まりましたね。

それとは別に印象的なシーンを一つ挙げるとすれば、フョードルが澁澤の記憶を蘇らせるシーンが、澁澤の正体も含めて衝撃的でした。

新井伸浩

キャラクターデザイン・総作画監督

敦の成長を丁寧に描いた、覚悟の劇場版

新井さんはTVシリーズからキャラクターデザイン、総作画監督と本作に深く関わっていらっしゃいますが、映画の制作が決まったときはどんなお気持ちでしたか？

新井　嬉しかったです。身が引き締まる思いでした。基本的にはTVシリーズの延長線上として捉えていましたが、今までで一番クオリティの高い作品を目指していました。

今回、新キャラクターデザインとして澁澤龍彦をデザインされていますが、春河35先生から届いたキャラクター原案をどのように受け止めていましたか？

新井　意外な感じがしました。最初は無骨なおじさんを勝手にイメージしていたんです。そうしたら美麗な感じのデザインが来たので。キャラクターデザインするときは、華奢だけどガタイのいいプロポーションを目指しました。

澁澤はクライマックスには龍の力を得て変貌しますね。

新井　あのデザインは、基本的には五十嵐（卓哉）監督からアイデアをいただいて、春河先生にチェックしていただきつつ作成しています。五十嵐監督からは「強そうに。ボスとしての風格がほしい」というリクエストがあったので、普段の華奢な澁澤と大きくシルエットを変えて、龍の要素を入れた、ムキムキの戦闘モードにしました。

6年前の中原中也や、太宰治の白い新衣装もキャラクターの新たな一面が見えました。

新井　新衣装を描けるのは僕も嬉しかったです。春河先生から中也の衣装案を2パターンいただいたのですが、シルエットから今のデザインが採用されています。太宰の白いスーツ姿は、髪を耳にかけているのが色っぽくてよかったですね。あと、6年前に太宰が肩にかけている外套は、その後、芥川に受け継がれていきます。そんなふうに繋がりをいろいろと想像できるのも楽しいですね。

作画面では今回どんな方針をおもちでしたか？

新井　五十嵐監督からは「迷ったら大変なほうに舵を切ってください」と最初の打ち合せで言われました（笑）。五十嵐監督が上げてきた絵コンテから「やるぞ」という並々ならぬ意気込みを感じて。僕らもおのずと覚悟を決めるという感じがありましたね。

作画面を順に振り返っていきたいのですが、前半はいかがでしたか。

新井　前半は日常芝居が大変でした。日常の芝居は、普通に見えれば成功。違和感があったら失敗という、すごく根気のいる作業なんです。完成した映画をご覧になる方は、ごく普通に流して見てしまうかもしれないんですが、その普通の芝居にはすごく労力が費やされているんですね。今回の絵コンテには、五十嵐監督がTVシリーズではやらなかった日常の芝居がたくさん入っていて。たとえば、冒頭から「敦が階段を降りるカット」があって、今回は「容赦をしないぞ」という覚悟を感じました。

中盤は、登場人物たちが自らの異能と対決するアクションシーンが連続します。

新井　中盤は派手なアクションがあるのですが、決着がつかない。どこか閉塞感があるし、敦も苦しそうな表情が多くて、そういうカットは描いていても、辛かったですね。

後半は龍が登場し、ヨコハマの上空でスペクタクルが繰り広げられます。

新井　絵コンテを見て、びっくりしまし

た。後半パートの絵コンテは一番最後に上がってきたのですが、一番カット数があって、一番スケジュールに余裕がなかった(笑)。前半のパートを担当していたスタッフみんなで臨むという総力戦になりました。「龍」のバトルシーンは、今回「龍」のキャラクターデザインを担当してくださり、TVシリーズを第1話からご一緒している菅野(宏紀)さんに作画監督をお願いしています。映画ということで上手い原画さんがたくさん参加してくださり、僕らも楽しみながら作業を進めることができました。

今回、新井さんの印象に残っているカットを教えてください。

新井　後半の澁澤と敦が実験室で対峙するシーンの、敦の鬼気迫る表情ですね。そのカットには、30〜40枚くらいの鬼気迫る表情が描かれているのですが、原画さんが描いて、そのうえに五十嵐監督、作画監督さん、そして僕も修正を描きました。みんなの鬼気迫る思いが乗っているシーンになっています。今回は敦の成長の物語でもありますし、見せ場のひとつになったと思います。

映画の作業を終えて、今はどんなお気持ちですか?

新井　今回関わってくださった方がみんな一生懸命打ち込んでくれて、本当にこのスタッフで映画をつくることができてよかったなと思っています。また、このメンバーで作品に取り組めたら嬉しいですね。

Dパート：中島敦(L/O作監修正)

Dパート：中島敦(総作監修正)

Dパート：中島敦(原画)

作画監督コメント

Avant+A、D+Eパート
作画監督
菅野宏紀

――TVシリーズで印象に残っている仕事は？

菅野　やはり第1話が印象に残っていますね。第1話で「こういうふうにこの作品は続いていくんだな」という方向性を示せたのはよかったなと。とくに第1話の白虎のアクションは気に入っています。上手い原画さんのお仕事は、作画監督をしていても楽しいです。

――今回の映画ではサブキャラクターデザインも担当されていますね。

菅野　担当している「龍」は、ヨーロッパのファンタジーではなく、アジア的に。格好よさを前提にしつつ、中国っぽいデザインを残しています。デザインを担当した流れで、「龍」のアクションも担当することになりました。

――映画ではどんなところに力を入れましたか？

菅野　冒頭のアバンでは、原画として織田作のカットを担当しました。あと中也のバイクの一連をずっと描いていました。車は基本CGなのですが、キャラクターと密着するバイクは作画しないといけない。原画さんも相当頑張ってくださいました。後半の龍のアクションは、背景に溶け込んでほとんど見えないイメージでしたが、五十嵐監督が明確に見せたい方向性だったのでしっかりと描いています。

Dパート：龍(L/O作監修正)

Avant+A、D+Eパート
作画監督
服部聰志

――TVシリーズで印象に残っている仕事は？

服部　個人的には(作画監督を)担当した第13話と第16話のAパートが印象に残っていますね。織田作が活躍するカットが多くて、思い入れがあるんです。今回の映画でまた登場していたのが嬉しかったです。

――映画に参加して、どんなお気持ちですか？

服部　TVシリーズの続きが見たかったし、榎戸洋司さんのオリジナル脚本も楽しみだったので、(ボンズの)鈴木(麻里)プロデューサーにお話をして参加させていただきました。映画の作画監督は初めてだったので嬉しかったです。

――映画ではどんなところに力を入れましたか？

服部　僕の担当は日常的なシーンが多かったんですが、TVシリーズと比べてレイアウトが難しかったり、細かかったですね。敦と鏡花がヨコハマの街中を走り回るシーンでは、鏡花は衣装がひらひらとしていたので、原画さんが丁寧に描いてくださった分、こちらも細かくチェックさせていただきました。担当したカットで思い出深いものは、後半の変身した澁澤のバトルです。後半のパートは五十嵐監督自ら演出していたので、表情やキャラクターのフォルム、空間の見せ方の指示を直接いただきました。澁澤の狂気にとり憑かれたような表情が印象に残っています。

Dパート：澁澤龍彦(L/O作監修正)

Avant+Aパート、D+Eパート
作画監督
高士亜衣

――TVシリーズで印象に残っている仕事は?
高士　もともと原作漫画を読んでいたので、参加させていただけて嬉しかったです。印象に残っているのは第15話でバーのシーンを担当していて、50カットぐらい描いたんです。今回の映画でも、冒頭のバーのシーンをまた担当できてよかったです。
――映画では作画監督としての参加でしたね。
高士　作画監督として本編に参加したのは初めてだったので、緊張しましたね。冒頭の日常芝居は違和感が出ないように、クイックチェッカー(原画などの動きを確認できるソフト)とにらみ合いをして、自然な動きになるようにタイミング付けを意識しました。
――映画ではどんなところに力を入れましたか?
高士　後半のドラコニアルームでの殺し合い、騙し合いのシーンですね。敦たちとは対照的に、太宰や澁澤、フョードルたちの艶っぽい表情を見せられるシーンだったので、映画を観たお客さんにも色っぽさを感じてもらえたらいいなと思っています。フョードルは最初は怖いイメージのキャラクターだと思っていたんですが、描いていくうちに愛着が湧いてきました。太宰が刺されるシーンでは、動きだけでなく、表情変化を丁寧に描くことができればと思っていました。

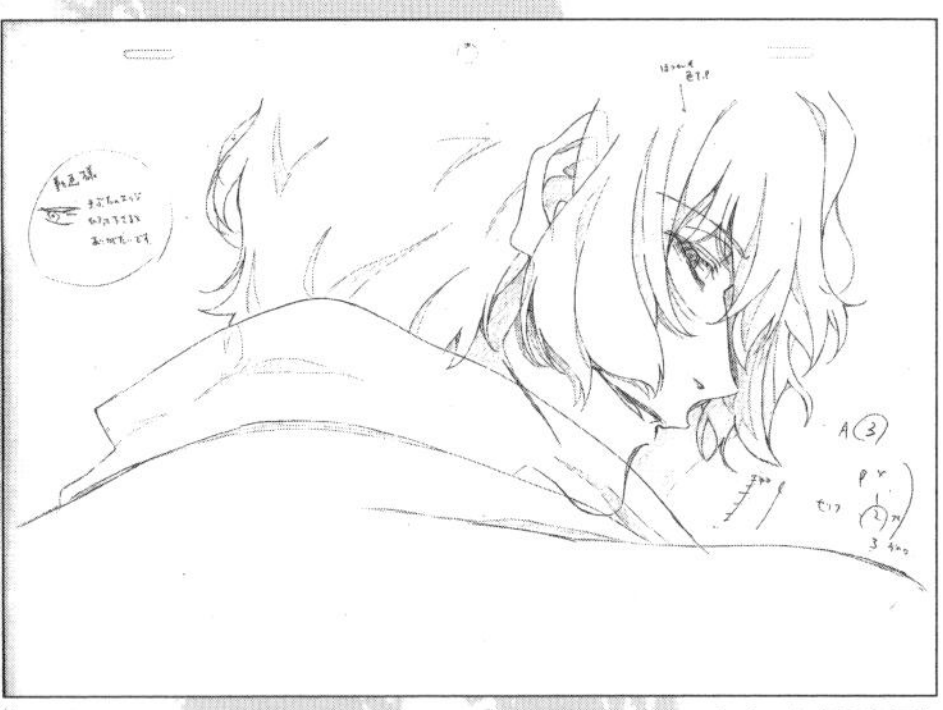
Dパート：太宰治(原画)

B+Cパート、D+Eパート
作画監督
徳岡紘平

――TVシリーズで印象に残っている仕事は?
徳岡　第16話のBパートで織田作が亡くなるシーンを担当(作画監督)させていただきまして、原画マンもすごく上手い方でした。そこが印象に残っていますね。
――映画になることを知ったときはどんなお気持ちでしたか?
徳岡　ファンの方に支えられて人気のある作品になったんだなとしみじみと実感しました。映画作品の作画監督は初めてだったので、映画に見合うだけのクオリティの仕事をしなきゃというのがありましたね。
――どんなパートを担当されましたか?
徳岡　中盤を担当していました。鏡花と夜叉白雪、芥川と羅生門がそれぞれ戦っているあたりですね。とくに芥川が戦う溶鉱炉のあたりは影付けもかなり特殊だったので、完成画面がどんなものになるのか想像できないまま作業をしていたのが大変でしたね。Dパートも一部担当したのですが、ラストのバトルシーンは原画さんがすごく上手くて、鬼気迫る感じになりました。
――印象的なカットは?
徳岡　鏡花がお母さんと出会うシーンは原画を担当させてもらいました。TVシリーズの延長線上ということで制作が始まった作品でしたが、ラッシュ(未編集フィルム)を見て、映画作品としての迫力がある作品になったなと思います。

Cパート：鏡花の母親(原画)

B+Cパート、D+Eパート
作画監督
飯山菜保子

――TVシリーズで印象に残っている仕事は？

飯山　私が作画監督として入ったのは第2クールの第19話からで、原画として入ったのは第6話からなんです。私が最初に原画で担当したシーンがギャグで、次に担当したのがシリアスで。振り幅が大きな楽しい作品だなと思いました。

――映画の制作を知ったときはどんなお気持ちでしたか。

飯山　劇場版に作画監督として参加するのは初めてだったので緊張しました。画面が大きいと、たくさん気を遣うところが多いので。とくに自分が参加したパートは物語の中間部分なので、観ている人が飽きないように、流れを途絶えさせないように注意しました。敦がずっと険しい表情をしているので、描いていると自然に体に力が入ってしまって、いつも以上に疲れました。

――印象的なカットは？

飯山　敦たちや探偵社の皆がヨコハマの市街地を逃げて戦うというシーンを担当していたんですが、実際にヨコハマへロケハンに行って。資料写真を撮ってきました。そのシーンは原画さんが何人も担当していたので、資料と見比べながら、地形などを「あわせる」ことに苦労しました。今回、私は敦が翻弄されている辛いシーンを多く描いていたので、精神的にも大変でした。

Aパート：中島敦（原画）

B+Cパート、D+Eパート
作画監督
荻野美希

――TVシリーズで印象に残っている仕事は？

荻野　私は第16話の太宰が鴎外と会話するシーンの原画を担当しました。「私が行く理由はひとつです。彼が友達だからですよ」と言う太宰の表情を描いたところ、鈴木プロデューサーにお褒めいただいて、「今後もお手伝いしてほしい」と次の仕事につながったという経緯があったんです。私にとっては、思い出深いカットですね。

――映画になることを知ったときはどんなお気持ちでしたか？

荻野　映画の作画監督は初めてだったのですが、気負わずにTVシリーズで描いてきた作品のテイストを大事に描いていけばいいかなと思っていました。TVシリーズのころは大阪のスタジオで仕事をしていたんですが、映画では（東京の）ボンズ社内で作業ができて、五十嵐監督や新井さんのそばで仕事ができたことは新鮮でとても勉強になりました。

――印象的なカットは？

荻野　私にとって印象的なカットは、エンディングのカットです。ここまでどちらかというと怖い顔をすることが多かった鏡花ちゃんですが、最後に年相応なかわいらしい鏡花ちゃんを描けて楽しかったです。新井さんの修正もすばらしかったので、ぜひ大きなスクリーンで見ていただきたいです。

Eパート：泉鏡花（L/O作監修正）

※ニュータイプ2018年4月号掲載のインタビューを再編集しました

STAFF COMMENT

Question

1 本作の作業に入るにあたって どのようなお話がありましたか？

2 作業を進めるにあたって意識していたこと、目指していたことは？

3 制作の過程で手応えがあった部分、ここに注目してほしいというところは？

4 改めて、「文豪ストレイドッグス」という作品の魅力はどこにあるでしょうか？

神林 剛

撮影監督

1 今回のお話のひとつの要素として「霧」というものがありましたので、そこは撮影で画面効果として全編いれてほしいという旨の要望は頂きました。ほとんどが霧のシーンなので、物量的に対応できるかというところが課題でしたが作業の効率化含め、対応できたかと思います。

2 大きなスクリーンに映る絵なので、画面の情報量をあげることに注力しました。

3 全カット良いものになるよう奮闘しました！

4 多彩なキャラクターが暴れ回るところです。

橋本敬史

エフェクト作画監督

1 元々TVシリーズの時から監督にご一緒したいとのオファーが何度かあり、劇場版にあたって改めて依頼があり受ける事になりました。監督からは特に内容に対しての希望はなく、光栄ながら橋本の描く方向でお任せとの事でした。

2 お任せとはいえ、前作の方向性をあまり壊すのはよくないので、自分の画(我)を少し出しつつ、方向は同じほうを向けるよう気を遣ったつもりです。ディティールや動きもTVより、より繊細になるよう頑張りました。

3 手応えとしては物量がすごいので、なるべくスムーズにカットが流れるよう、原画様には分かりやすい修正を目指して作業しました。内容的にはスペシャルなアニメーターが多く投入され、派手なカットが多くなったので観ていただきたいです。

4 文豪が異能力者としてカッコよくディフォルメされているのが魅力かと思います。この作品のおかげで実際の書籍を読んでみたり、聖地巡礼したりする人が多くなったのではないでしょうか。あとはやはり演出、作画の素晴らしさが最大の魅力かと思います。

近藤由美子

美術監督

1 澁澤側の舞台設定は基本的には監督の描かれたイメージボードに沿って作業しました。こういう画面になるようにしたい、という監督の絵があって、それに肉付けしていった感じです。肉付けするにあたり、澁澤は死人ですから、全体的に骨を連想させる感じにしたいということでしたので、骸砦の外観の方は崩れた教会をモチーフにして組んでいき、ドラコニア内の方は当初、中央の柱が背骨と肋骨を組み合わせた様なものを出したのですが、直接的すぎる(笑)とリテイクになり、骨っぽさを残しつつエジプトガラスのような繊細な感じを加味して今の形になりました。

2 探偵社側の新しい設定は特にないのですが、全編通してほぼ夜なので、同じ色にならないよう、各キャラの戦闘フィールドのライティングの色を変えて、シーンを色分けしているのと、「文豪」はもともとキャラの心情やシーンの意味によって夜空の色も変わるので、夜色のバリエーションがだいぶ増えました。横浜の実際の場所がいくつも出てくるので、あ！ここ知ってるって思ってもらえたらと思います。

3 ドラコニア内は全3Dなのですが、私は全3Dが初めてで、描いたボードを3D班の方にお渡しし、まだ色のついてないモデルを上げて頂いたとき、かなり忠実に組んでもらえていて、すごい！ここまで拾ってもらえるんだ！とちょっと小躍りしたのを覚えています。3Dならではのカメラワークや異能結晶がキラキラ回って、通常背景ではできないシーンになったと思います。

4 今回はストーリーももちろん、上空での戦闘もあったりとスケールが大きくなっているので背景の描き手としてもとても楽しかったです。ありがとうございました！

片貝文洋

メカニックデザイン

1 いわゆるメカが登場するシーンは監督の明快なイメージボードがありましたので、それが指示書ということになると思います。爆撃機の国籍マークについて、メカにさほど詳しくない観客にもわかりやすい表現を求められたのが印象的でした。

2 女性ファンが多いといわれる本作ですが、女性観客のために描き方を変えようとはせず、いつも通りの硬質な仕上げを心がけました。劇場の大きなスクリーンに耐える様に描き込みの密度を上げています。

3 英国軍爆撃機内部のカットは私がレイアウト修正を行ないました。映るのは一瞬ですが、原画さん、作監さんを始め大勢の方が悩み抜いて描いたシーンです。特に本作はキャラクターが動く以外のシーンにも大変力が入っています。そういうカットも堪能していただければ幸甚です。

4 自らの異能によって運命を狂わされた人々が、それでもなお各々の境遇において良く生きようと努める姿にあると思います。異能者達に幸いあれ。

国木田が使っていたのは、ダットサイトやシェルホルダーなどカスタマイズされたタクティカル・ショットガン

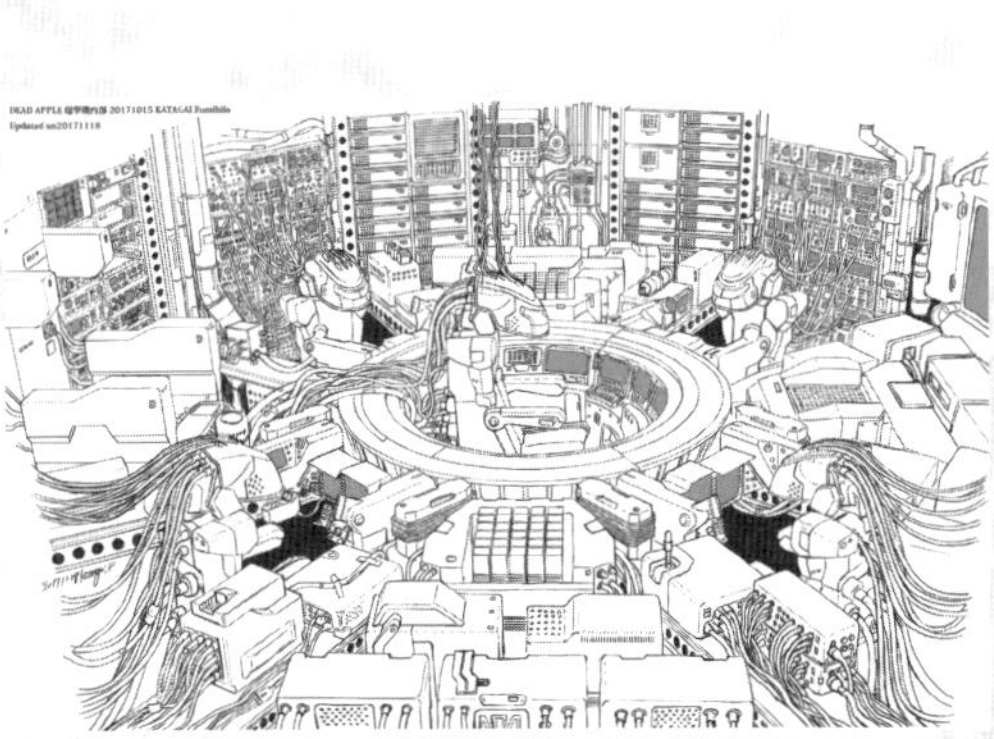

爆撃機内部の異能力者が座る座席や、そこから伸びるコードやモニターなどは、細部に至るまで設定されている

岩崎 琢

音楽

1 どこに音楽を入れる、どんな曲調か……等のオーダーは、若林(音響監督)さんの作成された音楽メニューに記されていて、基本的にはそれだけです。

2 ひとつは、映画的な表現としての全体の構造を把握し、音楽メニューには書かれていないミッションを見つけ出すこと。もうひとつは、この「文豪ストレイドッグス」という作品と、僕の作る(作ってしまう)音楽との接点を探ること。どうやったら、たとえ互いにケンカしつつも、最後には同じ方向を向けるかどうか。例えば太宰と中也のように……。

3 個々の要素を取り上げたらキリがないので、ざっくり言うと……この作品に音楽で仕込んだ「毒」を感じてもらえたら嬉しいです。

4 これは、「文豪ストレイドッグス」に限らず、僕自身がようやくわかってきた事ですが、主人公の成長物語を軸とした大きな物語と、そこから逸脱し逃走するように、二次的な想像力をかきたてるキャラクター達の戯れ、その危ういスリリングなバランス感覚を楽しむのが、こういった作品を鑑賞するより良い態度なのかな?と思います。因みに僕は中也推しです(笑)。

若林和弘

音響監督

1 敦の成長と鏡花との関係性の確立です。澁澤というキャラクターの登場によって敦という人物像が全てわかってくる。それによって生じる関係性の変化と確立を紡ぎ、伝えられれば幸いです。

2 五十嵐監督の要望以上にキレのあるサウンドと表現を目指しています。頑張ります!

3 うーん。まだ「これだ!」と自信を持って言い切ることが出来ません……。まだ制作作業中なもので。……とにかく頑張ります!

4 実在した文豪の名前だけではなく、その作品のもつイメージやテーマ等を背負い込んだ若者達が、現代で葛藤を持ちつつ活躍(暗躍)して行く姿……。それが我々の日常の中で感じる「不条理」や「不可解」に対峙し行動するかの様に感じ、共感や爽快感を何処かに持っている……。そんな部分ではないかと思います。

鼎談

朝霧カフカ 原作 × 五十嵐卓哉 監督 × 榎戸洋司 脚本

「本物」にしたいという、確固たる思い

――映画「文豪ストレイドッグス DEAD APPLE（デッドアップル）」。企画の始まりは、どのようなものだったのでしょうか？

五十嵐　始まりは２０１６年の年末、ＴＶシリーズが最終回を迎えたころですね。もちろんＴＶシリーズ制作中から「映画にできたらいいですね」とは話していましたけれど。

榎戸　僕が初めて具体的な話を聞いたのも同じようなタイミングで、倉兼（千晶）、鈴木（麻里）、両プロデューサーに呼び出されて、できれば映画は完全オリジナルのストーリーでいきたいという話を伺いました。そこまではよかったんですけど、さらに、できれば１年後、つまり２０１８年春に公開したい、と聞いて、これは実現可能なスケジュールなのか？　とりあえず、五十嵐監督や朝霧先生と相談しなくては、というわけで、ちょうどその頃、バー「ルパン」に集まろうという話が上がっていたので、その場で話すしかないと思いました。仕事が終わってのんびり飲む楽しい会になるはずが、いきなりの企画会議となったわけです（笑）。

五十嵐　そうそう。僕も、ざっくりと「映画の方向性の話を雑談程度にできればいいか……」くらいの気持ちで基本的にはやっとのんきな世間話ができるなあ、なんて思っていました。

朝霧　僕に至ってはルパンで、初めてその話をされて。いつか実現したらうれしいなってずっと思ってはいましたけど、その夢が突然ドンッと目の前に現れたので、びっくりしました。打ち上げ気分でお酒を飲んでいたんですけど、その話が出た途端、「すみません、コーヒーいただけますか」って注文し直しましたからね（笑）。

五十嵐　結果、酒を呷っているわけにもいかず、そのままファミレスに直行です。なんだ、この真面目さは（笑）。

朝霧　次の日の夜、現場の皆さんとの打ち上げの予定もあったというのに、朝まで話しましたからねえ。

五十嵐　こんな感じの物語になったらいいんじゃないか、みたいなイメージを共有しつつ、まだまだ流動的で。とにかくやるんだな、ということを確認し合った感じでしたね。

榎戸　とにかくやる。それだけは決まった。ＴＶシリーズの手応えから、映画へ

展開できるんじゃないかって五十嵐監督も朝霧先生も僕もちょっと思っていたところがあったので、意外ではなかったのですが……。

――では、そこからすぐにシナリオ開発に入って。

榎戸　そうです。現実的に考えると1年後くらいの公開を目指すとなると、逆算したら春までに脚本が固まってないと到底無理だよね、ってことになり。

五十嵐　制作に入ってから1年、というのであれば現実味がありますが、シナリオ開発を入れて1年、となると普通は絵空事です(笑)。

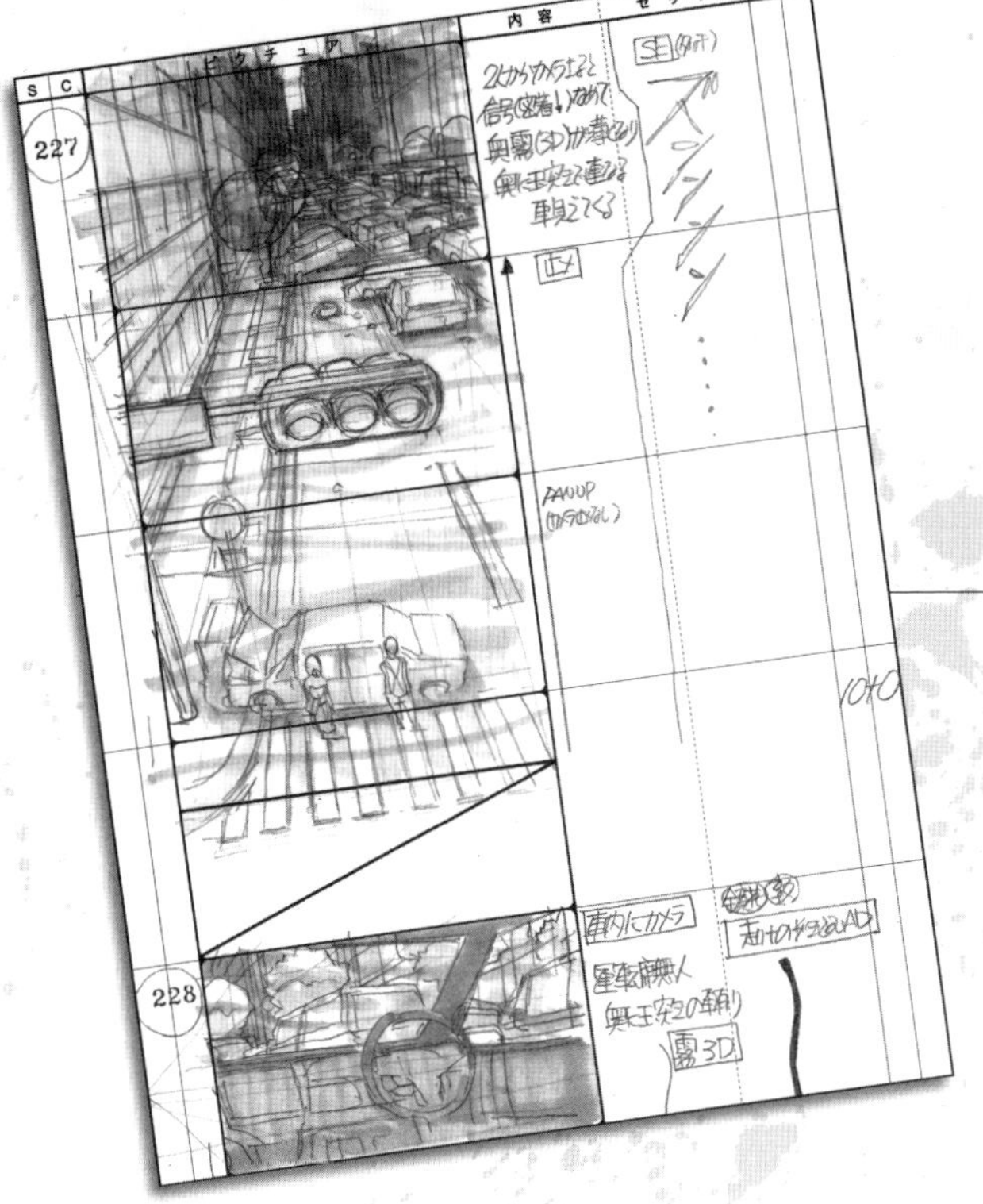

榎戸　しかも、オリジナルストーリーと言いながら、朝霧先生に原作を下さいとか無茶を言い出すという(笑)。原作付きのアニメが映画でオリジナルストーリーをやるというのはよくあることですが、原作本編に抵触しないサイドストーリーを描くパターンが多いじゃないですか。でも、今作はそうではなく、朝霧先生と春河(35)先生にもしっかり入っていただく。それが重要だったと思います。

五十嵐　「本物」にしたかったんですよね。劇場版の物語をアニメの現場で独自に開発することの魅力ももちろんありますが、「文豪ストレイドッグス」の映画は、敦を主人公とした物語の本流として描くべきだと思いました。

榎戸　初めに上がった具体的な要素としては、まず、武装探偵社とポートマフィアの面々が出てくる。映画オリジナルの敵が出てくる。そして、ヨコハマがいまだかつてないピンチに陥る。

朝霧　まず、何度かここ(ボンズの会議室)で朝まで会議しましたね。スルメイカを噛みながら(笑)。そのときに、たとえば既存の作品でいうと、どんな映画ですかね?みたいな話もして。

榎戸　そうでしたね。朝霧先生から「作る以上は、とてつもない作品を目指したい」というオーダーをいただいて、「おお、さすが原作者、頼もしい」と思った記憶があります(笑)。

朝霧　そんなふうに話しながら、ヨコハマを〝異界〟にするというヴィジョンが見えてきて。そうなるためにはどうしたらいいのか、と考えていきました。島はどうだろうとかいろいろ案があった中で、「霧はどうでしょう?」と僕から提案したのを覚えています。言った瞬間、五十嵐監督がいけるかもっていう表情をされたのが印象的でした。

五十嵐　先生の仰った「霧」というのは、物の形や、人と人の間にある壁を〝曖昧〟にしていく絶好の小道具だと思いました。その厚い霧に覆われた異界を見下す3人の神様的なイメージが浮かんだと云うか……。ただ、一方で、夜に事が起きて夜明けごろにフィニッシュするというフィルムの流れを考えていたので、榎戸さんからは、夜の霧なんて(画作り的に)大丈夫ですか?とは言われましたけれど。でも、それが逆に、現場にとってもいいお題になると思ったんです。奥のほうにシルエットを置くことで奥行き感は演出できますし、それによって作画のカロリーを抑えられるという利点もあります。

榎戸　それから数回の打ち合わせを経て、朝霧先生から設定案をいただいて。そこですでに「DEAD　APPLE」というタイトルもつけられていて。それを基に僕のほうで、準備稿を書きました。ただ、既存の原作があった今までと違って、僕が一から書くと朝霧先生の作風から離れすぎてしまう危惧があり、より「文スト」らしくあるためにどうすべきか、少し考えました。で、五十嵐監督と僕のいつもの手なんですけど、困ったら合宿だ、と。それが2017年3月の中旬です。合宿ってほとんどの場合は、みんなでアイデアを出し合って、それを脚本家が持ち返ってシナリオの形に上げるというのが基本の流れだと思うのですが、今回の場合、そんなぬるいことをやっていたら、来春の公開なんていうのはまず不可能だ(笑)。さてどうする、と考え、思いついた奇策が、合宿のその場で第1稿を書き上げてしまう、というものでした(笑)。僕も初めての経験でしたが、隣に朝霧先生がいて、もう片方に五十嵐監督がいて、という贅沢な体制でシナリオを1行目から書き始めたのが今回の合宿でした。

五十嵐　すごい合宿でしたね。TVシリーズのときにもやりましたけど、今回は4日間、1度も外に出ずにカンヅメになって、寝る時間以外はずーっと作業していた。ある種、独特な空間です。僕と榎戸さんには、ある程度日常的な空間ですが〝そこに朝霧先生が入ってうまく行くか？〟という不安は初めからありませんでした。不遜な物言いになってしまいますが、TVシリーズの打ち合せを重ねる中、朝霧先生が僕たちと〝同じ種類の人間だ〟とわかっていたからです(笑)。

榎戸　TVシリーズから一緒にやってきた信頼感がベースにあったので、もしかしたらいけるとは思っていましたが、やり始めてみたらこれが想像以上に面白い(笑)。ひとりで書いているときには、ワンシーンごとに次はどうしようと考えて書く、考えて書くというサイクルですけど、朝霧先生と五十嵐監督がブレーンとして左右に揃ってくださっていることで、「ここの台詞どうしましょう？」とか、「ここのアクションでいい見せ方ありますか？」とか、すぐに確認、相談ができる。両脇のお2人からも「いいね、面白いね」という熱気も伝わってくるし、手応えをすごく感じました。

朝霧　本当にすごい経験でした。僕にとっては、誰かと作業すること自体が初めてのことでしたし。漫画は春河先生と一緒に作った作品ですけれど、でも、原作を書いているときにはひとりで、執筆中は誰かと相談することもないですし。でも、「中也がバイクに乗ったらかっこいいですよ！　重力操作で横向きに走らせたり！」とか勝手なこともたくさん言ってしまった気もします(笑)。

榎戸　僕たちとしては、初めて朝霧先生の実制作の現場に立ち会わせていただけたといううれしさもありました。一応脚本家の立場なので僕が書かねばということで、僕がワープロを打っていたんですけど、たまに席を立って帰ってくると数行増えていたりして、あれ？って思うと、朝霧先生が「なんか妖精さんが来て書いてたようですね～」とかって微笑んでいて。この場を借りて妖精さんにお礼を言います(笑)。

朝霧　謹んで伝えます(笑)。

五十嵐　今回は、朝霧先生が居てくれましたので、僕はまあ賑やかしみたいな立ち位置です(笑)。お願いしたのはひとつだけ「余白を残しておいて欲しい」と言ったくらいですかね。文章と映像は生理的に異なる部分もありますので。

榎戸　五十嵐監督が居てくれたから見えてきたことも、もちろんたくさんあって。たとえば、さっきも話に出た霧を出すということにしても、自分ひとりで書いていたら、〝霧の夜〟にはしなかったと思う。それはアニメ的に難しそうだな、と僕が遠慮しただろうからなんですけど、横に五十嵐監督がいて、大丈夫大丈夫っていってくれる。これは、大変に心強いものでした。

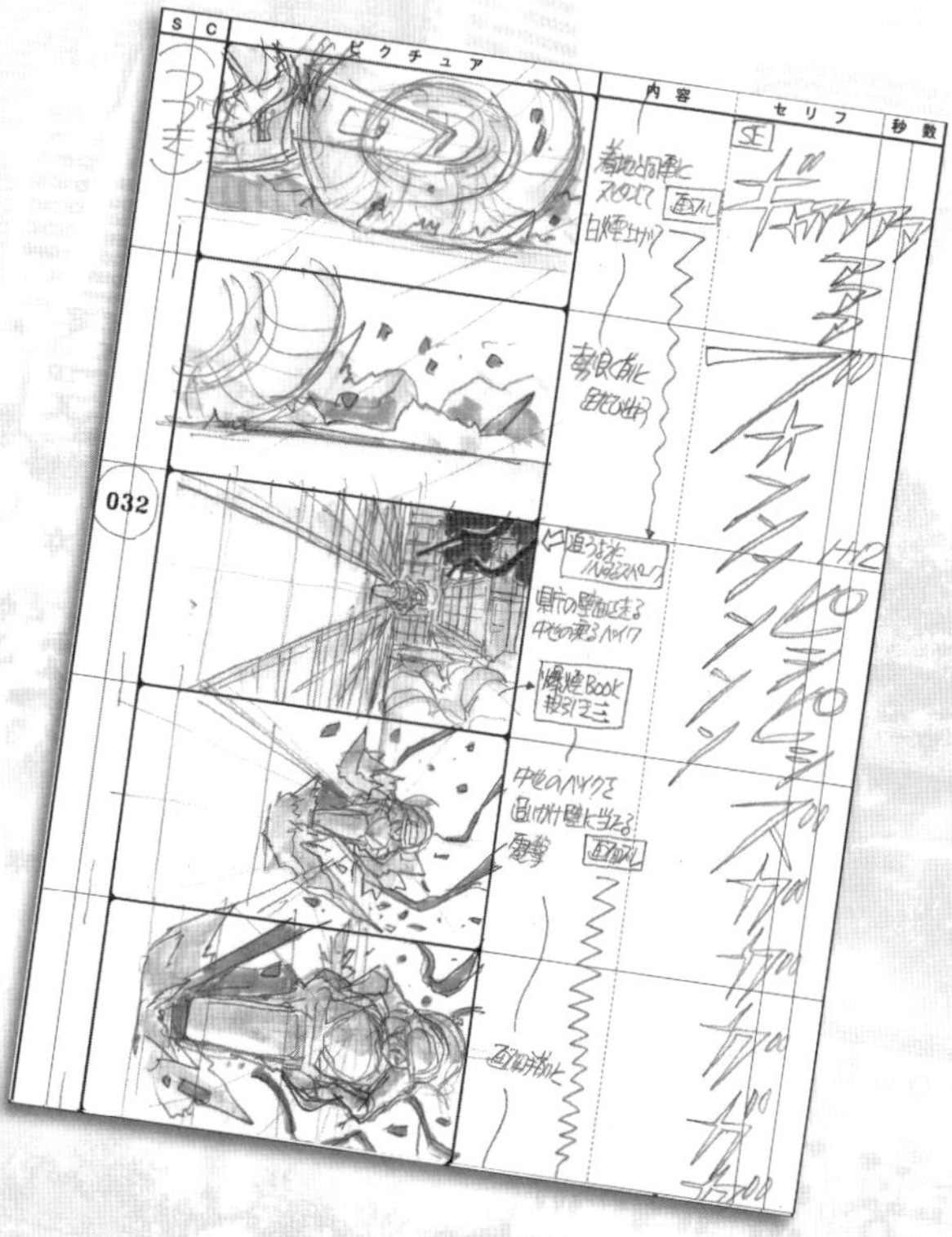

みんなの頭に浮かんだ白い衣装を着た3人

――龍頭抗争に触れるというのは、どのように決まったのですか？

榎戸　初めの段階の倉兼プロデューサーからのリクエストにすでに入っていました。つまり、織田作之助を出すってことだろうな、と解釈しましたけれど。

五十嵐　語り部的な立ち位置で太宰が登場するのが「文豪ストレイドッグス」のひとつのスタイルである以上、織田作之助というキャラクターを語らない選択肢はないだろうと考えていました。あともうひとつは、TVシリーズのエピソードでは接触していない人たちを関係させることによって、新鮮なイメージももたら

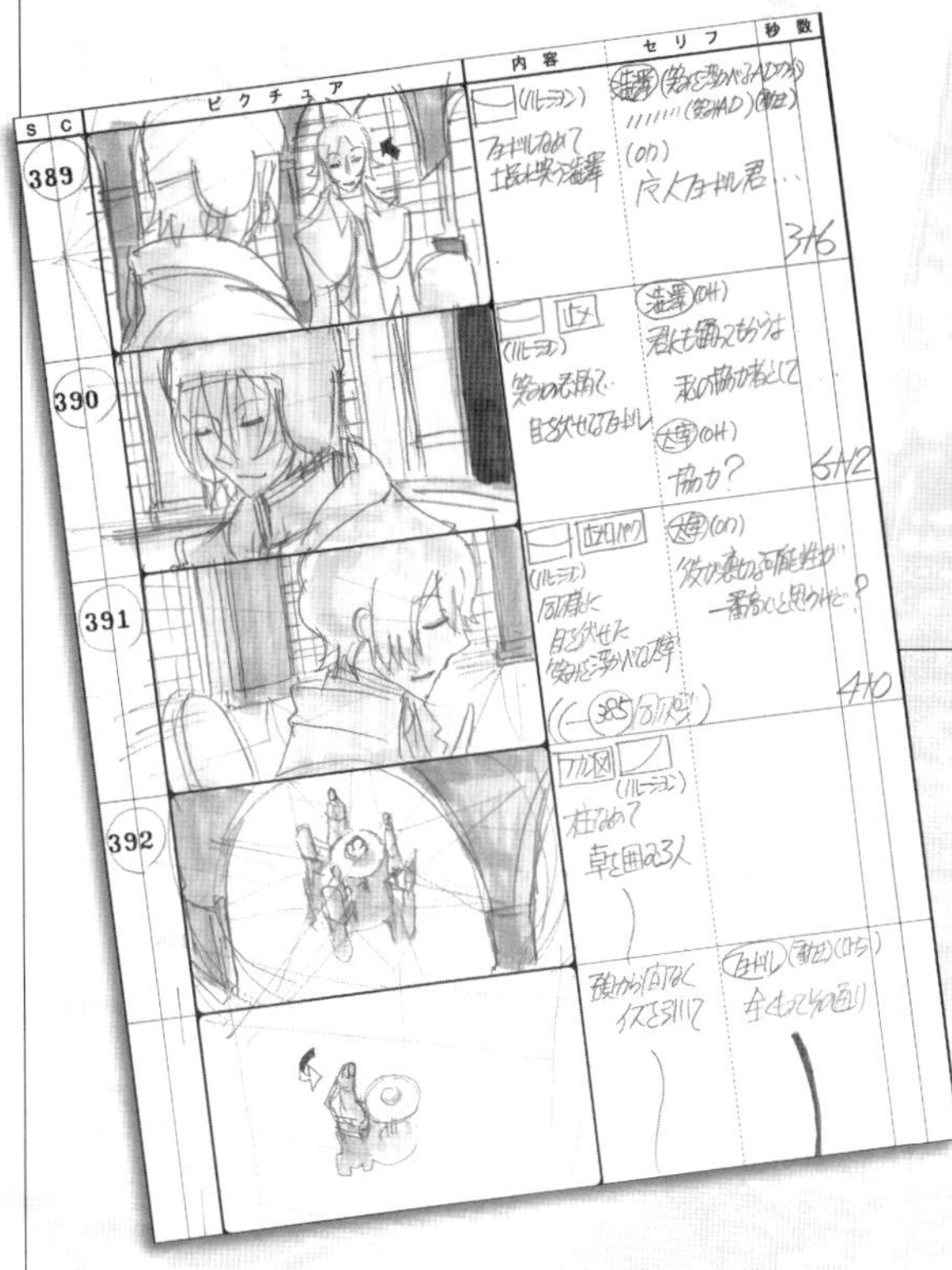

したかった。織田作、太宰がポートマフィアにいた時代には、もちろん中也もいて太宰と共に戦っていて、そういう人と時代が積み重なって、今に辿り着いたんだというところを描きたかったんです。

――新キャラクターに「澁澤龍彦」を選んだのは、どういう経緯でしたか？

五十嵐　澁澤龍彦先生の名前を最初に出したのは、原作の編集担当の加藤(浩嗣)さんです。今回の話のモチーフとなる〝龍〟と澁澤先生の「ドラコニア・ワールド」と呼ばれる領域に、僕のイメージがどんどん膨らんでいきました。

朝霧　澁澤先生は独特の雰囲気を持っている作家で、映画オリジナルの悪役に相応しいと思いました。それでまずは妻君の澁澤龍子さんのところへご挨拶に伺いまして。そうしたら、すごく歓待してくださって、とても光栄でした。「マルキ・ド・サド」という名前のワインを出してくださり、春河先生によるキャラクターデザインの原案もお見せしたら「あら、イケメンね」なんて言ってくださって。そんな経緯も含めて、本当にオンリーワンな、これまでのどのキャラクターとも違う特別なキャラクターになったと思っています。

――そして、今回はそこにフョードルが絡んできます。

榎戸　フョードルはTVシリーズの最終話で登場させていますが、アニメではまだちゃんと描けていなかったので、彼を悪役のひとりとして出したいというのは初期の段階から提案させていただいていました。だとすると、なんとなく、太宰もそっちにつきそうな雰囲気だな、みたいなイメージもあって。

朝霧　白い服を着た3人が並んでいるのが、みんなの頭の中にふわっと浮かんだんですよね。

榎戸　黒の時代の太宰、織田作、安吾の3人の黒のイメージと差別化を図りつつ、霧の中にさらに白い3人が浮かぶというのがいいですよね。もちろん白は、霧のメタファーでもあり、また骨のメタファーでもあります。

朝霧　この3人はどんな会話をするのだろう、と考えると、要するに、絶対誰かが裏切るわけです。というか、裏切らないわけがないわけで、その上で果たして誰が一番裏まで読んでいるのかという戦いになるんですよね。誰かが「そうすると思ってたよ」と言うと、もうひとりが「そうすると思ってると思ってたよ」と言い、そして、またもうひとりが「そうすると思ってると思ってると思ってたよ」と言う、というね。本当に神のような……いや、どこかエイリアンのようですらある3人を描いていただきました。

榎戸　シナリオを書いていて思ったんですけど、この3人のやりとりって、ちょっと合宿中の朝霧先生と五十嵐監督と僕の関係にも重なるものがあります(笑)。打ち合わせ中、お互いの出すカードを予測しながら、そうきたか、ならば、と自分のカードを切っていく感じとか(笑)。3は魔法の数字です。これが2人でやっていて意見が決裂したら、そこで終わりなんですよ。でも、3人いると、おのずとどちらかに意見が決定していく。

――異能力者から異能力が分離するという展開は、どのように固まっていったのでしょう？

榎戸　朝霧先生から「霧」というアイディアをいただいたのとほぼ同時でしたね。それを聞いたときに僕が思ったのは、自分の異能力と戦って異能力者たちが死に至る現象がすでに各地で起こっていることにすれば、それって世の中的には「異能力者連続自殺事件」って言われるよね、ということで。それを朝霧先生に話したら、それは面白いですね、と盛り上がってくださって。そこからまとまっていきました。

五十嵐　人間が社会に出たときに最終的に相対さなければならないのが「自分」ですよね。社会に出てからの評価というのは自分の外にしかないわけで、その外の自分に打ち勝つ努力をし続けるしかない。今回はそれを異能力者と異能力との戦いとして描いた、という側面もあると個人的には思っています。

朝霧　敦、鏡花、芥川が自分の異能力に向き合ったときの三者三様の反応というのが、まさにそれを表していましたね。自分の異能力と戦えることに喜ぶ芥川も最高です。

映画で、敦の原点を描くということ

——主人公としての中島敦。彼を描く上でこだわったこととは？

五十嵐　今回の物語は敦とはまったく関係のないところにいるように見えるんですけど、本当はそうではなく……という展開なんですよね。

榎戸　実は合宿に入る前、大まかな流れは決まったけれど決定打が見つからないっていうときに、もう一回考え直さないとダメかなあって朝霧先生がポツリとおっしゃって。僕は内心「まずい、ここで考え直したらスケジュールに間に合わない！　なんか決定打を出さなきゃー！」って焦ったんですけれど（笑）。それで絞り出したのが、敦の原点を描くという方向性でした。原作の漫画を読んでいるときには気にならないことなんだけれども、アニメ制作の過程で気になっていたのが、敦が太宰と出会う前、災害指定猛獣と言われていたころ、彼はいったい何をしたんだろうっていうことでした。たとえば、鏡花は自分が35人もの人を殺したという十字架を背負って、苦悩しながら生きているけど、片や敦はそんなにお気楽でいていいのかな？　もしもその間に何百人も人を殺めていたらどうするんだろう？って。なので、その描かれていない過去を鍵にするのはどうでしょうか、と思いきって朝霧先生にぶつけたら、一瞬間があって、やりましょう！とお答えいただけて。主人公である敦の過去というのはもちろん朝霧先生の中で温められていたことだと思うので、果たして、このタイミングで出してしまっていいのだろうかと責任を感じながらも、やらせていただきました。

朝霧　僕としても、そういうものになってほしかったんです。敦のヘタレな感じ、自分に悩んでいるあの感じは維持したい、けれど、原作やTVシリーズで、すでに乗り越えてきたものと同じような壁を用意するのは違う。敦を敦としてきちんと描きながら、もっと大きな壁を用意できたら、と考えていました。要するに、これが五十嵐監督がよく言う「出し惜しみしない」ことなんですよね。なので、榎戸さんにご提案いただいた瞬間、もうそれしかない、と思いました。原作本編の敦の葛藤と並行して存在しえる、もうひとつの大きな壁。敦というひとりの人間の中に内在しうる展開というのはこれだ、って。敦と芥川と鏡花が3人で行動を共にしていく局面も、これまでの原作にはなかったけれども、とても大切なシーンです。TVシリーズからこの3人を丁寧に描いていただけて。その根っこがあるからこそ、この空気に辿り着けたのだなあ、と思います。

五十嵐　敦のエピソード然り、龍頭抗争然り、普通の原作者さんだったらそう許してくれないと思うんですよ。だって原作自体の根幹にかなり関わってくるエピソードじゃないですか。でも、朝霧先生はそれを面白がってくれる。この映画の最大の勝ちポイントだと思っています。だからこそ、今回の命題のひとつだと思っているのが、映画の中で生まれたこの流れをまた原作に帰すということです。この世を終わりにしようとするフョードルがこのあと、どんな手にでるのか。原作で語られていくエピソードにもしっかり繋げています。

榎戸　ただ、ここで面白いのが、実は僕も五十嵐監督もまだ、フョードルの異能力がなんなのか、教えてもらってないってことですよね（笑）。

五十嵐　今回の彼の目的にしても、全ての異能力者を亡き者にする、ということになっているけれど、それが本当なのか否か、本当だとしても、その先に何を見ているのかはわからない。

榎戸　わからないままでは書けないので、今回僕なりに考えあぐねて、たどり着いた唯一の答えが、つまり、全ての異能力というのは「消えない傷」なのではないか、ということでした。異能力って、それぞれ自分だけが持っている特殊で強靱な能力なわけだから本来はそれを持つということは喜ばしいことのはず。けれど、異能力者たちの生き様を見ていると、どうもそうじゃないらしい。異能力とは「持ってて楽しいワクワク能力」ではなく、むしろそんな力が発揮されてしまうくらいの、消えない傷があるということなんじゃないでしょうか。そう考えていくと、フョードルの行動原理にも違うものが見えてくる。そもそも〝アップル〟といえば、旧約聖書の禁断の果実が思い起こされるわけで、罪のあかしですよね。ということは……と手繰り寄せていきました。

五十嵐　それで言うと、澁澤は実にシンプルでしたね。彼の人生には過去にものすごく大きな転換があって。その瞬間に大きな何かを得たという感触だけが彼の中に残っていて、あのときの快楽をもう一度手にしたい、と焦がれた。

榎戸　今回の物語で大上段に構えていたのは、たぶん澁澤だけだったんですよね。そこが唯一、太宰やフョードルに一歩及ばなかったところなのかもしれない。全てを知っていると豪語しているわりには、自分自身の中にわからない空白があって、それが最大のネックになったというアイロニーもあって。

五十嵐　最終的に澁澤を救済できる人間が敦しかいない……ということを太宰は知っていましたが、敦がその地平に辿り着けるのかまでは計算できなかった。信じてはいたでしょうが。

榎戸　僕の解釈では、太宰の賭けだったのではないかと考えています。太宰はかつて織田作に救済されたわけですが、そこに根拠はあったのだろうかと迷い始めていたのかもしれない。それで太宰は今回、敦に賭けてみたのだけれど、物語のラストに敦が何も知らずに織田作と同じような言葉を口にするんですよね。その瞬間、太宰はあらためて救われたのかもしれません。

朝霧　そのときの敦の言葉を聞いたときの太宰の表情は、何度でも見返していただきたいカットのひとつです。

榎戸　「黒の時代」編の織田作の少年時代を上村（祐翔）くんに演じてもらったことも含めて、やっぱり作り手の中では潜在的に2人を重ねて見ている部分が少なからずあるんですよね。

五十嵐　物語冒頭で太宰に「これがお墓参りしてるように見えるかい？」と問われたとき、ラストで太宰に「私がそんなことをするいい人間に見える？」と問われたとき、敦はどちらでもあっけらかんと「見えますけど」と答えている。この台詞が物語の中で、僕が最も重要だと思っている敦だけが使える無自覚な呪文です。あの瞬間に異世界が、厳密に云うと太宰の造った仕掛けが壊れて、日常に戻る。

榎戸　五十嵐監督がTVシリーズのときから言っている敦の生命力の強さというのが、今回の物語でも軸になっているんですよね。神のごとき3人が、もはや常人には何を言っているのかわからないことをごにょごにょやっているところに敦が食い込んできて「生きたい」という実に単純な思いをぶつける。結局、純粋なものには勝てないというか、ゆえに賢者たちをも超越してしまう。だから、今回、澁澤の欠落した記憶の鍵を持っているのが敦だったわけだけれど、本当の太宰の姿というのも敦は単純な思考で見抜いているのかもしれない。「見えますけど」は、そんな核心を突く台詞でもありました。

——今回の映画制作で得たものとは？

榎戸　映画を作るチャンスというのは人生にそう何度もあるわけではないので、いつにもまして身構えましたが、そうやって全身全霊で臨むと、脳内から変な物質が出てきて特異点が発生し（笑）、そういうときじゃなきゃ出てこないような台詞もたくさん生まれました。そのテンションを朝霧先生や五十嵐監督と共有できた映画作りになりました。それであらためてわかったのは、朝霧先生が「文豪ストレイドッグス」のキャラクター作りで大切にされているのは「情念」なんだということです。一見クールなキャラに見えても、奥底に情念を持っている。だからこそのギャップ萌えがある。

朝霧　そうですね、それはとてもこだわっていることです。突然情念が溢れてもおかしいので、それらを内包して如何にひとりの人間として描いていけるかに挑戦しています。

五十嵐　その後のコンテ作業もこれまでにないくらい短期間で仕上げていったのですが、でも、それが実現したのは面白いシナリオがあったからこそ。なおかつ、そのシナリオに対して、迷いなく演出を載せていける作品だったということが大きかったです。

朝霧　3人が同じ前提、同じ指針を持っていると信じられること。そして、その上であらゆる角度からアプローチしていっていただけるという頼もしさ。それを感じながらの作業はとても刺激的でした。それぞれがどんなに力を尽くしても向かう方向が少しでもズレていたら終着点は違ってしまいますからね。僕の原作から春河先生の漫画になるときにもいつも驚きがありますが、さらにそれが動き、音楽や声がついたフィルムに昇華したのを拝見すると、その説得力にはいつも言葉を失います。千の言葉を弄しても表現しきれないようなものを一瞬の表情で表わしてくださることもあるので。たとえば、今回のバーで太宰がひとりで話しているシーンはこれまでに描いたことのないタイプのものだったのですが、これを目にしたとき、あれ、ひょっとして僕は太宰のことを何ひとつわかっていなかったのでは……という気分にすらなりました。そんなものを見せていただけて、原作者として本当に幸せです。

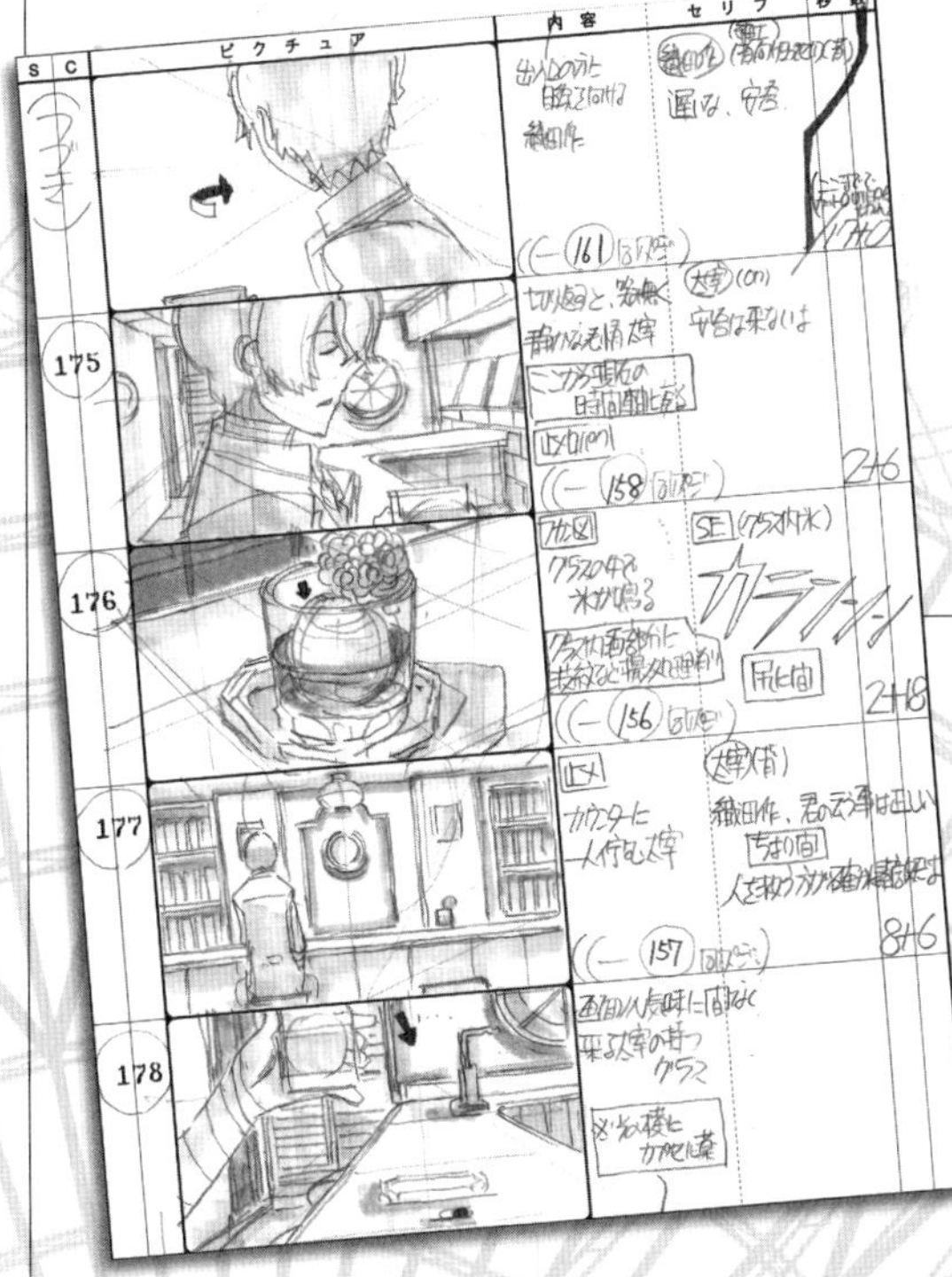

※ニュータイプ2018年4月号掲載のインタビューを再編集しました

文豪ストレイドッグス
DEAD APPLE

CAST

中島 敦：上村祐翔
太宰 治：宮野真守
泉 鏡花：諸星すみれ

芥川龍之介：小野賢章
中原中也：谷山紀章

澁澤龍彦：中井和哉
フョードル・D：石田 彰

福沢諭吉：小山力也
国木田独歩：細谷佳正
江戸川乱歩：神谷浩史
谷崎潤一郎：豊永利行
谷崎ナオミ：小見川千明
与謝野晶子：嶋村 侑
宮沢賢治：花倉洸幸

森 鴎外：宮本 充
エリス：雨宮 天

坂口安吾：福山 潤
辻村深月：高橋李依
青木卓一：手塚ヒロミチ
村社八千代：原 優子

鏡花の母：中村千絵
院長：中 博史
女性職員：東内マリ子

アガサ・C：坂本真綾

織田作之助：諏訪部順一

STAFF

原作：朝霧カフカ

漫画：春河35（「ヤングエース」連載）

脚本：榎戸洋司

脚本協力：朝霧カフカ

キャラクターデザイン・総作画監督：
新井伸浩

メカニックデザイン：片貝文洋

サブキャラクターデザイン：菅野宏紀

プロップデザイン：金田尚美

演出：佐藤育郎 / 池下博紀

エフェクト作画監督：橋本敬史

虎作画監督：永作友克

作画監督：
菅野宏紀 / 高士亜衣 /
服部聰志 /徳岡紘平 /
荻野美希 / 飯山菜保子 /
下條祐未

メインアニメーター：
福岡英典 / 須川康太 /
工藤雅人 / 金田尚美 /
楡木哲郎 / 阿部愛由美 /
伊藤一樹 / 平田有加
伊藤秀次 / 富岡隆司 /

原画：
大友健一 / 織岐一寛 /
高嶋宏之 / 中重俊祐 /
木下ゆうき / 野口莉英子 /
高野恵子 / 田内亜矢子 /
林 央剛 / 坂本龍典 /
武本大介 / 増田伸孝 /
岩井優器 / 町田真一 /
西島翔平 / 祝部由香 /
君島 繁 / 嶋田聡史 /
鮫島寿志 / アミサキリョウコ /
清池奈保

徳岡紘平 / 荻野美希 /
高士亜衣 / 飯山菜保子 /
菅野宏紀 / 服部聰志 /
永作友克 / 下條祐未

村木 靖 / 柿田英樹 /
川元利浩 / 斎藤恒徳 /
石野 聡 / 長野伸明 /
工藤糸織 / 可児里未 /
本間 晃 / 宇佐美 萌 /
梅津泰臣

第二原画：
星野初音 / 川上友貴恵 /
光岡美来 / 杉泊朋子 /
小川莉奈 / 馬場可奈子 /
松浦美穂 / 高橋成美 /
アミサキリョウコ / 鳥山冬美 /
阿部安佳里 / 佐藤愛架 /
安井貴司 / 島袋奈津希 /
津野満代 / 内田陽子 /
伊藤真奈美 / 志賀 愛 /
古福大悟 / 桂木 杏 /
白川茉莉 / 志水よしこ /
川合彩香 / 小島えり /
島田 佳 / 藤木泰史 /
浅野淳子

新井伸浩 / 徳岡紘平 /
飯山菜保子 / 荻野美希 /
福岡英典 / 平田有加 /
金田尚美 / 工藤雅人 /
可児里未 / 廣江啓輔

ボンズ作画部
中村拓磨 / 保科有沙
Wish / ウォンバット / MSJ /
遊歩堂 / アクタス / B.S.P

美術監督：近藤由美子

美術監督補佐：
熊野はつみ(KUSANAGI)

背景：KUSANAGI
池田真依子 / 田島 裕 /
鍾 權濱 / 熊野はつみ

背景管理：平田浩章(KUSANAGI)

背景協力：
加藤美紀 / 赤坂杏奈
NAM HAI ART / MINH TRIEU /
THI HUE / DUC HAI /
MINH DUC / DIEM PHUC /
NGUYEN NGUYET

背景制作進行：
DAM YEN / NGUYEN PHUNG

動画監督：岩長幸一 / 亀山郁李

動画：
ボンズ作画部
新垣芙未可 / 伊藤朱莉 /
堀本真美 / 青山真理子 /
篠藤楓果 / 佐野優月 /
宍戸俊介

古林美里 / 鈴木富美子 /
増子裕美 / 山本みどり /
佐藤千春 / 冨田智子 /
羽田智織 / 高田小知代 /
児玉いずみ / 坂東 雄 /

松山美紀枝 / 星 公子 /
矢野美幸 / 榊原大河 /
遠藤亜美 / 下平 瞳 /
金井大二郎
尾山景子 / 渡辺恵子 / 秋吉育子

スノードロップ / C2C /
プロダクションI.G / スタジオムー /
キネマシトラス / シルバーリンク /
MSJ / ライデンフィルム /
フウシオスタジオ / アニタス神戸 /
ウォンバット /
サンシャインコーポレーション /
ワオワールド / feel. / Wish /
作楽クリエイト / パインジャム /
プロダクションアイムズ /
A.P.P.P. / アクタス /
スタジオギムレット / 太観アニメ /
スタジオバス

色彩設計・色指定：後藤ゆかり

色指定・検査：
妻鹿真琴 / 大本真希 / 望月順子

仕上：
Wish
奥井恵美子 / 伊藤敦子 /
砂原直子 / 千葉陽子 /
梅村利恵子 / 天本洋介 /
山瀬仁美 / 川久保彩紅 /
山田照美 / 清田真由 /
小島悠香 / 平田奈緒美 /
田中照佳 / 斎藤知津江 /
岡宮志帆 / 牟田智美 /
高庭瑠那 / 石原裕介 /
田場 涼 / 久島早映子 /
周藤宏太 / 井上 泉 /
湯澤真衣 / 大塚幹雄 /
高橋友子 / 藤田 舞 /
孟 潔 / 藤原優実 /
山田祥子 / 中村直美

アニタス神戸
西脇洋平 / 吉木絵理 /
山本恵里奈 / 谷川詩織 /
本田怜也 / 森 美由紀 /
岩下琴美 / 時尾愛華

イーグルネスト
白戸勝彦 / 土岐智子 / 木立美優

Be-Loop / GEEK / デファー /
スタジオアド / スタジオギムレット /
アニメッシュ / スタジオOZ

仕上管理：小橋幸亮

特殊効果：
イノイエシン / 龍角里美 / 古市裕一

撮影監督：神林 剛

アニメーションプロデューサー：
鈴木麻里

アニメーション制作：ボンズ

配給：角川ANIMATION

文豪ストレイドッグスDA製作委員会
KADOKAWA
髙石優子 / 松本 浩 / 笠原周造

ボンズ
末永淳子 / 田中いつか /
三好紳也 / 髙絵里子

ランティス
本野信介 / 向後友紀子 /
青木由美菜

クロックワークス
宮城惣次 / 小澤文啓

角川メディアハウス
尾形光広 / 有水宗治郎

バンダイナムコライブクリエイティブ
木村 学 / 大石恵理

ムービック
金庭こず恵 / 長谷川嘉範

ソニー・ミュージックコミュニケーションズ
森下俊一

グロービジョン
川島誠一

WOWOW
青木竹彦 / 淤見守里 /
片桐大輔 / 飯干紗妃

製作：
KADOKAWA
ボンズ
ランティス
クロックワークス
角川メディアハウス
バンダイナムコライブクリエイティブ
ムービック
ソニー・ミュージックコミュニケーションズ
グロービジョン
WOWOW

監督：五十嵐卓哉

宣伝：
KADOKAWA 青木卓也 /
ボンズ 渡木翔紀

宣伝協力：
吉岡拓也 / 岡本梨沙 /
木下夕菜 / 滝澤圭一 /
大谷志穂 / 津末達也

協力：
SUNSHINE SAKAE
学校法人東放学園
ヤフー株式会社
株式会社よしもとクリエイティブ・エージェンシー
株式会社リクルートジョブズ
横浜市文化観光局 横浜市交通局
神奈川近代文学館
与謝野晶子記念館（さかい利晶の杜）
東武動物公園
バー・ルパン
澁澤龍子

編集担当：
ヤングエース編集部
加藤浩嗣 / 稲垣一真 / 眞鍋優香

角川ビーンズ文庫編集部
白浜冬花 / 小高祐輝

文芸・ノンフィクション局
（文芸単行本・角川文庫）
伊知地香織 / 岩橋真実 / 金子亜規子

コミカライズ：銃爺

ノベライズ：岩畑ヒロ

劇場営業：
鈴木さとる / 櫻井 剛 /
古山奈津子 / 幸阪浩志

インシアタープロモーション：
山田みかる

セールスプロモーション：
中山卓也 / 木村綾子 / 金子尚友

公式サイト：
株式会社グラフネットワーク

予告編制作：10GAUGE
依田伸隆 / 松木大祐 / 小林敦史

ライセンス：
西川千裕 / 後藤満里奈

海外セールス：鈴木朝子

協賛：眼鏡市場

プロデューサー：
倉兼千晶 / 田村淳一郎

音楽プロデューサー：吉江輝成

音楽A&R：西田瑛美

音響監督：若林和弘

音響監督助手：横田知加子

音響効果：
倉橋静男（サウンドボックス） / 西 佐知子

録音：佐竹徹也（PANDASTUDIO.TV）

録音助手：
金 相根 / 澁澤裕美子 / 張 之銀

録音スタジオ：
グロービジョン九段スタジオ

録音スタジオ協力：
PANDASTUDIO.TV

音響制作：グロービジョン

音響制作担当：鐘江 徹

オンライン編集スタジオ：
キュー・テック

オンライン編集：
有松正泰 / 岡本史子

デジタルシネマエンジニア：
市原道宏

スタジオコーディネーター：
片田悠介

制作デスク：竹本順仁

設定制作：蓮井隆弘

制作進行：
大槻真之 / 千葉春菜 /
森藤雄亮 / 曽我恵実 /
四宮憂奈

制作事務：中村真樹子

制作協力：C2C 早坂一将

エグゼクティブプロデューサー：
井上伸一郎 / 南 雅彦

製作：
堀内大示 / 斎藤 滋 / 武智恒雄 /
篠崎文彦 / 鈴木孝明 / 國枝信吾 /
榊原光広 / 岡部俊一 / 大村英治

企画：菊池 剛 / 工藤大丈

宣伝プロデューサー：福田 順

撮影：
ボンズ撮影部
古本真由子 / 龍角里美 /
佐々木康太 / 日野有里子 /
池上真崇 / 澤 貴史 /
猿渡真太郎 / 張 盈穎 /
髙木風馬

モニターデザインワーク：
猿渡真太郎

CGIアニメーションディレクター：
安東容太

モデリング：細川大輔

CGIアニメーター：
三宅拓馬 / 富澤麻衣子 / 鄭 多恩 /
南 炳俊 / 細川大輔

オープニングスタッフ
ディレクター：依田伸隆

モーショングラフィックス：
松木大祐 / 小林敦史

制作：10GAUGE

タイトル・プロモーションデザイン：
草野 剛（草野剛デザイン事務所） /
野田義貴

編集：西山 茂

編集助手：山岸歩奈実

編集スタジオ：リアル・ティ

オープニング主題歌：
「Deadly Drive」GRANRODEO
作詞：谷山紀章 / 作曲：飯塚昌明

エンディング主題歌：
「僕ら」ラックライフ
作詞・作曲：PON

挿入歌：
「Reason Living」SCREEN mode
作詞：松井洋平 / 作曲：太田雅友

音楽：岩崎 琢

レコーディングエンジニア：
沖津 徹

レコーディングスタジオ：
STUDIO SHANGRI-LA
音楽制作：ランティス

音楽協力：
佐藤 靖（有限会社オフィス・ウィズアウト）

文《ぶん》豪《ごう》ストレイドッグス DEAD《でっど》 APPLE《あっぷる》 公《こう》式《しき》ガイドブック 煙《えん》霧《む》録《ろく》

監修 文豪ストレイドッグスDA製作委員会

2018年4月3日　初版発行

装丁 草野剛（草野剛デザイン事務所）
本文デザイン 野網雄太、深山貴世（Better Days）
編集・執筆 高見澤秀、岡田勘一（マイストリート）
執筆 青木逸美、杉山智代、松田孝宏、ワダヒトミ、志田英邦
編集 大野咲紀
編集長 角清人
協力 鈴木麻里、渡木翔紀（ボンズ）
加藤浩嗣、倉兼千晶、福田順、青木卓也、
松坂豊明（KADOKAWA）

発行者 青柳昌行

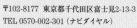

発行 株式会社KADOKAWA
〒102-8177 東京都千代田区富士見2-13-3
TEL 0570-002-301（ナビダイヤル）

編集企画 コミック&キャラクター局 ニュータイプ編集部

印刷・製本 大日本印刷株式会社

KADOKAWA カスタマーサポート
[電話] 0570-002-301（土日祝日を除く11時～17時）
[WEB] https://www.kadokawa.co.jp/（「お問い合わせ」へお進みください）
※製造不良品につきましては上記窓口にて承ります。
※記述・収録内容を超えるご質問にはお答えできない場合があります。
※サポートは日本国内に限らせていただきます。
※定価はカバーに表示してあります。
※掲載の情報は2018年4月時点のものです。

ISBN 978-4-04-106695-9　C0076

【描き下ろし】
カバー
原画＝新井伸浩　仕上＝中山しほ子

p108
イラスト＝春河35

【再録】
p8　ウルトラティザービジュアル
原画＝新井伸浩　仕上＝後藤ゆかり　背景＝近藤由美子　特効＝神林剛

p9　ティザービジュアル
原画＝新井伸浩　仕上＝後藤ゆかり　背景＝近藤由美子　特効＝龍角里美

p10　キービジュアル
原画＝新井伸浩　仕上＝後藤ゆかり　特効＝神林剛

p16-17　月刊ニュータイプ2018年2月号
原画＝下條祐未　仕上＝末永康子
背景＝近藤由美子　特効＝古市裕一（BOSA BOSA）

p74　月刊ニュータイプ2017年12月号
原画＝金田尚美　仕上＝岩沢れい子
背景＝近藤由美子　特効＝古市裕一（BOSA BOSA）

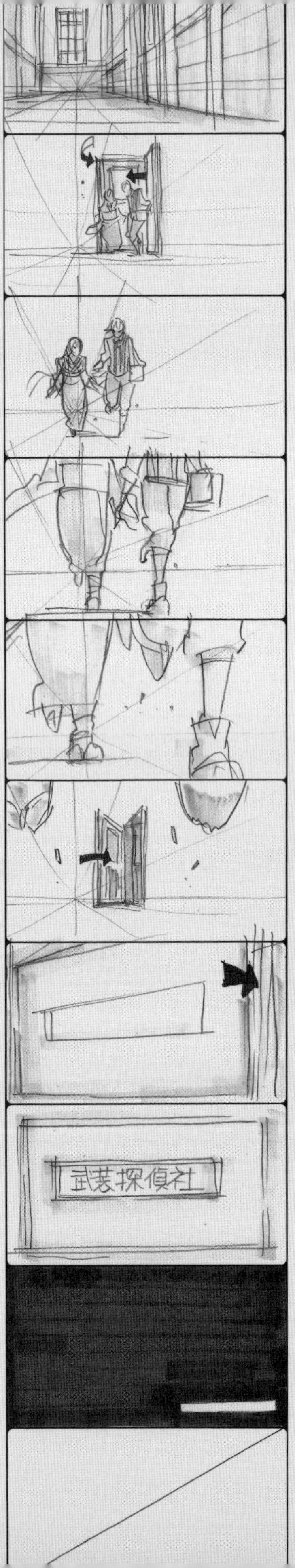